iyi ki kitaplar var...

TİMAŞ YAYINLARI

İstanbul 2016

timas.com.tr

Çocuk Eğitiminde 100 Temel Kural
Adem Güneş

TİMAŞ YAYINLARI | 3785
Aile Eğitimi Dizisi | 37

YAYIN YÖNETMENİ
İhsan Sönmez

EDİTÖR
Seval Akbıyık

KAPAK TASARIMI
Ravza Kızıltuğ

1. BASKI
Nisan 2015, İstanbul

3. BASKI
Mart 2016, İstanbul

ISBN
ISBN 978-605-08-1928-1
9 786050 819281

TİMAŞ YAYINLARI
Cağaloğlu, Alemdar Mahallesi,
Alayköşkü Caddesi, No: 5, Fatih/İstanbul
Telefon: (0212) 511 24 24
P.K. 50 Sirkeci / İstanbul

timas.com.tr
timas@timas.com.tr
facebook.com/timasyayingrubu
twitter.com/timasyayingrubu

Kültür Bakanlığı Yayıncılık
Sertifika No: 12364

BASKI VE CİLT
Neşe Matbaacılık A.Ş.
Osmangazi Mah.
Mehmet Kopuz Sk. No: 17
Kıraç-Esenyurt/İstanbul
Telefon: (0212) 886 83 30
Matbaa Sertifika No: 22861

ÇOCUK EĞİTİMİNDE
100 TEMEL KURAL

Uzman Pedagog Dr. Adem Güneş

TİMAŞ

Uzman Pedagog Dr. ADEM GÜNEŞ

1969'da Ankara'da doğdu. İlk, orta ve lise eğitimini Türkiye'de tamamladı. Rotterdam Üniversitesi Pedag Bölümü'nden mezun oldu.

Hollanda'da yaşadığı yıllarda **Alternatif Eğitim Sistemleri**'ni ve çocuk eğitimi modellerini inceledi.

Amerika'da **"Bağlanma Terapisi"** eğitimi aldı.

Güneş›in Çocuk Eğitimi›ne bakış açısı, İngiliz **Bristol Üniversitesi** ve Alman **Bochum Üniversitesi**'nde araştır konusu oluşturmuştur.

Pedagojinin kültürden bağımsız olamayacağını dile getiren Güneş, Anadolu Pedagojisi değerlerinin altını çizm te, **çocuğa karşı duyarlılığın artmasının o toplumdaki bireylerin iyi oluşuna katkı sağlayacağını** öngörmekte

Yayınlanmış 17 Türkçe ve 2 İngilizce eseri bulunan Adem Güneş'e Türkiye Çocuk Zirvesi tarafından **Çoc Dostu Ödülü**, Medya Etik Konseyi tarafından Aile ve Çocuk Programları **Medya Etik Ödülü**, Çanakkale Mart Üniversitesi Senatosu tarafından **Fahri Doktora Unvanı** verildi.

Burç FM'de 6 yıl boyunca "Çocuk Deyip Geçmeyin" adında radyo programları yaptı.

Halen Fatih Üniversitesi Öğretim Görevlisi olan Adem Güneş, haftalık Aksiyon dergisinde köşe yazarlığı yapm tadır. Çocuk sorunlarına yönelik Pedagojik Danışmanlık yapan Adem Güneş aynı zamanda Aile Danışmanı

Adem Güneş evli ve dört çocuk babasıdır.

Yayınlanmış Eserleri:

Türkçe

Ergenlik Döneminde 100 Temel Kural

7-14 Yaş Dönemi Çocuk Eğitiminde 100 Temel Kural

0-6 Yaş Dönemi Çocuk Eğitiminde 100 Temel Kural

Çocuk Eğitiminde 100 Temel Kural

Çocuk Neyi Neden Yapar

Çocuk Deyip Geçmeyin

Aile ile Bağlanma / Aidiyet

Güvenli Bağlanma

Mahremiyet Eğitimi

Doğal Ebeveynlik

Çocukluk Sırrı

Doğru Bilinen Yanlışlar

Pozitif İletişim

Annelik Sanatı

Tatil Sürecinde Çocuk Eğitimi

Rahat Bırakın Beni

Bilmezsen Korkarsın Tabi

İngilizce

The Wonder of Childhood (İngilizce)

The Education of Privacy for Children (İngilizce)

İÇİNDEKİLER

GİRİŞ

Bir aile ziyaretinde buzdolabının üzerinde küçük kâğıtlara yazılmış notlar gördüm...

"Okuyabilir miyim?" diye izin isteyip birkaç tanesine göz attım...

Notların birinde "Hiçbir çocuk davranış bozukluğu ile dünyaya gelmez" yazıyordu, bir diğerinde "Minnet duygusu, çocuğu edilgen hale getirir" diye not düşülmüştü...

Ev sahibi beyefendi, "Bu notlardan evin her yanında var" diyerek çocuk odasına davet etti beni...

Kapının girişinde "Aziz Misafirler" yazıyordu... Gardırobu üzerine "Çocuk sevildiği kadar sevebilir" yazılmıştı...

Çocuk eğitimine dair uzun uzadıya yazılmış kitaplar anne babaların farkındalığını artırsa da onları sürekli dinç tutacak, kısa, özlü sözlere ihtiyaç olduğunu düşünüyorum. Belki okunan onlarca kitap akılda kalmaz, ancak bir söz, bir yaşamı değiştirecek kadar tesir edebilir insana...

Bu kitapta çok söz söylemek değildi amacımız... Az söylemek fakat özü söylemekti...

Onlarca pedagoji kitabının özetini birkaç satırda sunmaya gayret ettik...

Bazen bir satır bilgiyi, on sayfalık derinlikten çıkardık... Bazen kendi uzmanlığımızın yıllar süren birikiminin özetini bir satıra sığdırmaya çalıştık...

Bu eserin ortaya çıkmasında birçok kişinin emeği var...

Timaş Yayın Yönetmeni İhsan Sönmez Bey, kitabın mizanpajından kapağına kadar her aşamada entelektüel birikimlerini esirgemedi...

Sevgili Seval Akbıyık Hanımefendi, eserle öyle bütünleşti ki, gece gündüz bu kitapla birlikteydi... Anne babalara bir eser daha sunabilmek adına fedakârlığının sınırlarını zorladı...

Hiçbir kitabımızda desteğini hiç esirgemeyen, "Anne babaların bu konuları bilmeye ihtiyacı var" diye kendi anneliğinden de destek alan değerli Tuba Kabacaoğlu Hanımefendi bu eserde de bizi hiç yalnız bırakmadı...

Çocuğa karşı duyarlılığı bir yaşam tarzı haline getiren, edindiği bilgileri anne babalarla paylaşma heyecanı duyan değerli Gonca Anıl Hanımefendi de bu kitabın perde arkasındaki emek verenlerindendi...

Mizanpajından baskısına, pazarlamasından yayın toplantılarına kadar bu eserin oluşmasında samimi desteklerini hep yanımda hissettiğim sevgili Timaş ailesine kalben teşekkür etmeyi borç kabul ediyorum...

Umarım, bu eser bir çırpıda okunup bitmez... madde madde ezberlenir... duvar yazılarına dönüşür... buzdolaplarında, araçlarda, ajandalarda birer etikete dönüşür...

Ve umarım, bu eserlerle ülkemizdeki yetişkinler çocuğa dost olmanın da ötesinde çocuğun dostluğunu kazanmış olmanın mutluluğuna erişirler...

1

“HİÇBİR ÇOCUK DAVRANIŞ BOZUKLUĞUYLA DÜNYAYA GELMEZ”

Davranış bozukluğu, çocuğun duygu dünyasının bozulmuş olmasının dışavurumudur.

Hiçbir çocuk dünyaya geldiğinde davranış bozukluğuna sahip değildir.

İçinde bulunduğu çevrenin çocuğa hitap edememesinin sonucudur davranış bozukluğu...

Davranışlar duyguların sinyalidir...

Çocuk duygularında bir anormallik yaşadığında, bu anormalliği davranışlarıyla dışa vurur...

Çocuğun anormal davranışları üzerinde durmak yerine, bu anormal davranışlara sebep olan duygusal köken araştırılmalı...

Örneğin hiçbir çocuk doğuştan kıskanç değildir...

Çocuk ancak kıskançlık hissi uyandırılırsa kardeşini ve akranlarını kıskanır...

Çocuk kardeşini kıskandı diye onun kıskançlığı ile mücadele etmek yerine, ebeveynler kendilerine dönüp "hangi davranışlarının çocuklarında kıskançlık hissini uyardığını" araştırmalıdır...

Anormal davranışı oluşturan duygusal köken kalktığında, anormal davranış da ortadan kalkar...

2

“ÇOCUĞUN KENDİSİNE BENZEMESİNDEN KEYİF ALMAK BİR EBEVEYNLİK YANILGISIDIR”

Aslında bir ebeveynlik yanılgısıdır çocuğun kendisine benzemesinden keyif alma hali.

Ebeveyn, çocuğu kendisine benzedikçe emniyet duygusu hisseder. Çünkü çocuğunun neyi yapıp neyi yapamayacağını bilecektir...

Çocuğun davranışlarını model aldığı kişi anne babasıysa işler büyük ölçüde yolunda gidecek, çocuk pek çok olası tehlikeden, hatadan korunabilecektir.

Oysa bir yanılgıdır bu.

Çocuğun anne babasına benzemeye çalışması ebeveynin hoşuna gitse de, çocuğun duygusal gelişimi açısından bakıldığında iş değişir.

Her çocuk ayrı bir insandır zira... Ve çocuk anne babasına benzemek için çaba harcadıkça kendisi olmaktan uzaklaşacaktır...

Bir çocuğa ne kadar "kendisi olma" fırsatı verilirse çocuk ruhen o kadar sağlıklı olur.

Ebeveynler çocuklarını kendilerine benzetmeye çalışmak yerine, onlara benzemeye çalışan çocuklarına "kendi gibi ol"mayı telkin etmeliler.

3

> “EBEVEYNİ TARAFINDAN DUYULABİLEN ÇOCUK MUTLU ÇOCUKTUR”

İnsanın en temel ihtiyacı, fark edilmek ve varlığının değer görmesidir...

Düşünceleri ile fark edilmek... duyguları ile fark edilmek... ve fark edildiği hali ile değer görmek...

Bu, "duyulmaktır..."

Çocuk, ancak duyulduğu kadar değerlidir...

Duyulmayan çocuk, kendini değersiz hisseder...

Duygularda yalnızlık...

Düşüncelerde yalnızlık...

Konuşmada yalnızlık...

İnsan yalnızlaştırıldığı kadar değersizleşir...

4

"EN BAŞARISIZ ÇOCUK YAPACAĞI İŞLERİ BİRİNE GÖSTERMEK İÇİN YAPAN ÇOCUKTUR"

Çocuğunun başarılı olmasını istemeyen ebeveyn yoktur neredeyse. Bu olağandır.

Gerçek başarı, çocuğun içten gelerek yaptığı işlerde elde ettiği başarıdır... Birilerine görünmek ve beğeni almak için sarf edilen başarı değil...

Çocuk için başarının motivasyonu annesinin, babasının, başkalarının onayını almaya dönüştüyse, bu içten gelerek elde edilen bir başarı değildir... Takdir beklentisinin oluşturduğu bir başarıdır...

Böyle bir çocuk, etrafında onu veya başarısını onaylayacak kimse olmadığında iş yapamaz hale gelir.

İçsel motivasyonun çağrısıyla harekete geçme yeteneğini kazanamamış çocuk, her ne kadar başarılı işler ortaya koysa da yaptığı işlerin motivasyonu kendisine ait değildir ve gerçek başarı bu değildir.

Ebeveyninin onayını almak için odasını derli toplu hale getirmeye çalışan çocuk, derli toplu çocuk değil, takdir edilmek için çaba harcayan çocuktur...

5

“İNATÇI
ÇOCUK
YOKTUR,
ENGELLENEN
ÇOCUK
VARDIR”

İnat doğuştan değil, sonradan öğrenilen bir davranıştır...

Çocuğun duygusal gelişimi engellendikçe, çocuk bu engeli aşmak için direnç gösterir.

Bu direnç yetişkinler açısından "inat" diye değerlendirilir...

Oysa çocuk o anda sadece içsel yönelişinin önüne çekilen engeli kaldırmak ve gelişim sürecini tamamlamak için mücadele vermektedir.

Sağlıklı ebeveynlik tutumu, çocuğun duygusal gelişiminin önüne engel çıkarmak ve çocukla inatlaşmak değil, gelişim sürecine göre çocuğun önünü açmak, onun gelişimine katkı sağlamaktır...

Çocuk inat olarak görünen bir davranış sergiliyorsa anne babanın sorması gereken ilk soru şudur:"Ben çocuğumun hangi ihtiyacını gidermesine engel olmuş olabilirim?"

6

"ÇOCUĞA
YAPILACAK
EN BÜYÜK İYİLİK,
YAVAŞLIĞI
KORUMAKTIR"

Ruhsal yapılanma itibariyle iyi kişilerin en büyük özelliği biyolojik ritimlerinin düzen içinde ve sağlıklı olmasıdır.

Evrenin kendisine has bir ritmi vardır.

Bu ritme ayak uydurabilen kişi yaşamla uyum içindedir.

Çocuk dünyaya geldiği zaman bu ritimle senkronize haldedir.

Aslında sekine halindedir.

Ebeveynler, çocuklarına bakarak kendi biyolojik ritimlerindeki aksamaları toparlamak yerine kendi bozulmuş ritimlerini çocuğa aktarmaya girişirler.

Biyolojik ritmini hızlandırmak çocuğa yapabilecek en büyük haksızlıklardan biridir.

Ebeveynlik kişinin çocuğuyla birlikte biyolojik ritmine geri dönmesi için önemli bir fırsattır aslında.

Bu fırsatı değerlendirebilen kişiler derin bir sükûnete, sekine haline erişebilirler.

Ebeveynlerin, kendileri adına önemli bir fırsat olan sekine haline ulaşma imkânını kaçırıp bir de çocuğu kendi bozuk ritimlerine uydurmaya çalışmaları büyük bir haksızlıktır.

7

> "ÇOCUKLUĞUNDA DOYASIYA AĞLAMASINA İZİN VERİLMEMİŞ KİŞİLER, YETİŞKİNLİKLERİNDE DOYASIYA GÜLEMEZLER"

Ağlamak insanı duygularının "derinliğiyle" tanıştırır.

Çocukluğunda özgürce ağlayabilen bir insanın kazandığı yetenek duygularında derinleşebilmektir.

Gülebilmek ise insanın duygularını "genişletir."

Çocukluk dönemi, duyguların derinleştiği ve genişlediği en önemli yıllardır...

Çocuk düştüğünde ağlamalı, bir hediye verildiğinde çocuksu sevincini çığlık çığlığa yaşamalıdır ki, yetişkinlik yıllarının duygusal zemini oluşsun...

Birçok yetişkin, doyasıya ağlayamadığından... doyasıya gülemediğinden şikâyetçidir...

Böylesi yetişkinlerin, çocukluk dönemlerinde duygularını özgürce yaşamasına izin verilmemiş olduğunu görüyoruz...

Çocuk, duygularında özgür, davranışlarında disiplinli oldukça yaşamda başarılı olur...

8

"AİLE BÜTÜNLÜĞÜNE ZARAR VEREN ÜÇ ETKEN: AKILLI TELEFONLAR, TELEVİZYON, EV ÖDEVLERİ"

Teknolojinin insan yaşamını kolaylaştırıcı yanı olsa da insanı aileden uzaklaştırdığı bir gerçektir...

Akıllı telefonlarla her an güncel haberleri takip etmek...

Sosyal medyada neler olup bittiğine anında ulaşmak...

Mesaj yazmak, yazılan mesajın cevabını hemen almak...

Can sıkıntısını bazen bir iki oyunla atmak...

Ve bütün bunları her an elinizde tuttuğunuz küçük bir cep telefonuyla gerçekleştirmek, insanları cep telefonu içinde yaşamaya mahkûm etmektedir de insanlar farkında değildir... Halbuki insan cep telefonu içinde yaşadıkça, ailesinin dışında kalır...

Ve televizyonlar... En güzel diziler ve filmlerle insanın ilgisini çeken televizyonlar... Gerçek olmayan yaşamı gerçek zannedip merakla "sonra ne olacak" takibi yapan birçok kişinin, çocuğunun duygusal gelişimini takip etmekte zorluk çektiği bir gerçektir...

Bütün bunların ötesinde, çocuğuyla iletişimi ödev, ders ve sınav üzerine yürüten ebeveynlerin aile bütünlüğünden söz etmek oldukça zordur...

Bir ebeveynin çocuğuna bırakacağı en özel miras, birlikte yaşama becerisi kazandırmaktır...

9

"AŞAĞILANMIŞLIK,
DEĞERSİZLİK
HİSSİNİN
DIŞAVURUMUDUR"

Bir insanın kendini aşağılanmış hissetmesi için gerçekten aşağılayıcı bir muameleye maruz kalması gerekmez. Kişiye değersizlik duygusunun yaşatılması o kişinin kendini aşağılanmış hissetmesi için yeterlidir.

Kişiler arasındaki eşitlik düzlemini bozan, birini diğerlerine tercih eden her türlü söz, bakış, ima o kişide değersizlik hissine yol açtığı gibi, tercih beklentisi içinde olanlara da aşağılandığını zannettirir...

Aşağılanmışlık hissi, çocukları sosyal çekinik hale getirir, duygusal gelişimi zarara uğratır...

Bir çocuğun başına gelebilecek en iyi şey, kendisini değerli hissettiren bir ebeveyne sahip olmaktır...

10

"AŞAĞILANAN ÇOCUKLAR AŞAĞILANDIKLARI İÇİN DEĞİL, AŞAĞILIK OLDUKLARINA İNANDIKLARI İÇİN ÜZÜLÜR"

Çocukların zihinsel savunmaları yoktur.

Çocuklar, kendileri hakkında söylenen sözleri, yapılan yorumları gerçek olarak alırlar.

Kendisine değersizlikle ilgili bir söz söylenen çocuk, o söz söylendiği için değil, gerçekten öyle olduğunu zannettiği için incinir, üzülür...

Bir kızgınlık anında "sen gerçekten geri zekâlısın" diye aşağılanan çocuk, kendine "geri zekâlı dendiği" için değil, "geri zekâlı olduğu" için sarsılır...

Birçok yetişkin çocuklarına kızgınlıkla söyledikleri sözlerin ertesi gün unutulacağını düşünür... Bu düşünce doğrudur...

Çocuk ne yaşadığını unutur, ama ne hissettiğini unutmaz...

11

"ÇOCUK AŞAĞILANDIKÇA İKİ İNSANİ HİSSİNİ YİTİRİR: MAHCUBİYET VE UTANMA DUYGUSU"

İnsani duyarlılığı besleyen, ona süreklilik kazandıran iki duygu; utanma ve mahcubiyet duygusudur...

Utanma; kişinin özelinin, ayıbının, yanlışının, hatasının görünür hale gelmesiyle ortaya çıkan duygu durumudur...

Her insanın kendine özgün duyguları da vardır, düşünceleri de...

Kişinin mahrem alanına girilmesi onda utanma hissinin uyanmasına neden olur...

Sürekli utandırılan kişiler utanma hissini kaybederler...

Mahcubiyet, kişinin değerini düşüren olaylar ve değerini olduğundan fazla gösteren övmelerle oluşan duygu durumudur...

Aşırı övülen çocuklar bir süre sonra mahcubiyet hissini kaybederler... Aşırı yerilen çocuklar da öyle...

Doğuştan itibaren her çocukta var olan utanma ve mahcubiyet duygularının onlara dokunulmadığı sürece insan yaşamına katkısı vardır...

Utanma ve mahcubiyet duygularıyla çok oynanmış çocuklarda ya duyarsızlık ya da sahte benlik gelişir...

12

“ÇOCUK ANNESİNİ SEVMEYEN BABASINI ANCAK KORKUYLA SEVER”

Çocuğun duyguları erken yaşta anneyle özdeşleşmiştir.

Anne hangi duyguyu hissediyorsa çocuk o duygunun devamını yaşar.

Eğer anne baba tarafından zarara uğratılıyorsa zarara uğramanın bir benzeri de anne ile duygudaş olan çocukta gerçekleşir...

Anneye zarar veren baba, çocuğunu sevse de çocuk, babasıyla "güvenli" bir ilişkiye giremez...

Böylesi çocuklar korktukları babalarına karşı bir sevecenlik taşısalar da bu sevgi, içsel, pozitif bir sevgi değil genellikle korkuyla karışık bir sevgidir...

Çocuğun ebeveynini gerçekten sevmesi, o ebeveynlerin birbirini sevmesine bağlıdır...

13

“ÇOCUKLARDA EBEVEYN BAĞIMLILIĞI BİR DOYAMAMA HALİDİR”

Bağımlılık duygusal yoksunluğu giderme çabasından başka bir şey değildir. Çocuk kendini ne kadar duygusal ihmale uğramış hissediyorsa, ihtiyacını gidermek için o kadar bağlanma çabasına girer.

Duygusal yoksunluk arttıkça bağımlılığın şiddeti artar.

Çok ilgilenilen değil ihmal edilen çocuk bağımlı olur.

Doyan ayrılır.

Ebeveynler bağımlı bir çocuk sahibi olmak istemiyorlarsa çocuklarının duygusal ihtiyaçlarını "kaliteli vakit" geçirerek gidermelidirler...

Çocuğun duygusal ihtiyaçları "vaktinde" ve "yeterince" giderildikçe bağımlı davranışları azalır...

14

“BAĞIMLILIK İLİŞKİSİNDE BAĞIMLI OLANDAN ÇOK BAĞIMLI OLUNAN BAĞIMLIDIR”

Bir bağımlılık ilişkisinde bağımlı olan ihtiyaç giderme çabasındadır...

Sevgi bir ihtiyaçtır, bu ihtiyacı giderilmemiş çocuk, doyasıya sevgi alabilmek için, sevdiği kişiye daha çok bağlanır...

Korku, insanı huzursuz eder... Korktuğu kişiyle birlikte yaşama zorunluluğu, kişinin korktuğu kişiye daha çok bağlanmasına neden olur ki, ondan gelecek bir zarara uğramasın...

Bağımlılık, duygusal ihtiyaç giderildiğinde bağlılığa dönüşür...

Bağımlı olunmaktan keyif almak da bir bağımlılıktır... Kişi kendisine bağımlı olundukça kendini değerli hisseder...

Bağımlı olan kişi, ihtiyacını giderdiğinde normal yaşama dönebilse de, bağımlılıktan, değerlilik hissi almaya alışmış bir kişi, kendisine bağımlılığın bırakılmasından da değersizlik hisseder...

Böylesi kişiler terk edilmişlik hissi yaşamamak için, bağımlılık ilişkisinin devam etmesini içten içe isterler...

Birçok anne babanın, çocuklarını incitirken, suçlarken, değersizleştirip duygusal olarak zayıflatırken farkında olmadan yaptığı şey, çocuğunun kendisinden kopmaması, bağımlılık ilişkisinin devam etmesi ihtiyacıdır...

15

“ÇOCUĞUN
DERİN SESSİZLİĞİ
YETİŞKİNLERE
‘NE KADAR DA AKILLI
USLU ÇOCUK’
DEDİRTMEMELİDİR”

Birçok ebeveyn, "akıllı uslu" çocuklardan hoşlanır...

Sessiz sedasız, varlığı yokluğu bir gibi olan çocuklar toplum içinde de "ne kadar akıllı uslu maşallah!" diyerek takdir edilir.

Halbuki çocukların sessizliği, fıtrata terstir... Çocukluk yılları sesli yıllardır... Çocuğun koştuğu, coştuğu, merakla sağa sola yöneldiği yıllardır... Çocuk bütün bunları bırakıp sessizleşmişse, bu, çoğu defa takdir edilecek bir çocukluk hali değil, dikkat edilecek bir durumdur...

Bir çocuk, duygusal ihtiyaçlarını anne babasından gideremeyeceğine "artık" inandığında kabuğuna çekilir... Kendi içinde yaşamaya başlar... Böylesi çocuklar dışarıdan ne kadar sessiz sakin görünseler de iç dünyalarında yalnızlığı yaşayan çocuklardır...

Çocuklar kendilerini ifade etmeye yönelik çabalarının karşılıksız kaldığını çabuk fark ederler.

Kendi iç dünyasındaki dinginliğin ifadesi olan sükûnet halleri dışında, cıvıl cıvıl, merak duygusuyla geçmesi beklenen çocukluk çağlarındaki sessizlik, çoğu defa üzerinde düşünülmesi gereken bir durumdur...

16

“HER ÇOCUK ÖZELDİR”

Her çocuğun yaşına, içinde bulunduğu gelişim aşamasına, mizacına göre farklı bir duygusal yapılanması, farklı ihtiyaçları vardır.

Kardeşlerden birine bir hediye alınacaksa diğerine de aynısından almak doğru yaklaşım olmayabilir. Bu, kardeşler ikiz bile olsalar böyledir...

Çünkü her çocuk özeldir ve özel olduğunu hissetmek ister...

Her çocuğun duyguları, kardeşi dahi olsa diğerinden farklıdır...

Çocuk, anne babasından kendi duygularını fark etmesini, duygularına göre karşılık görmeyi bekler... Başkalarına davrandığı gibi davranmasını değil...

Çocuklar arasında ayrım yapmamak için her çocuğa aynı davranmak, çocuğa hitap edememeye yol açar...

Çocuklara eşit değil, adaletli davranmak gerekir...

Adaletli olmak, her çocuğun mizacına uygun olarak o çocuğa hitap etmek demektir...

17

“EBEVEYNLİKTE
ÖLÇÜ
EŞİTLİK DEĞİL
ADALET
OLMALIDIR”

Çocuklara "eşit" davranmaya çalışmak bir anne babalık yanılgısıdır.

Ebeveynlikte esas ilke, çocuklara eşit davranmak değil, her çocuğun ihtiyacını karşılayacak şekilde davranmaktır.

Bu adalettir...

Eşit davranmak yüzeysellik, adaletli olmak derinliktir...

Duygusal bir çocuğun ilgi ihtiyacı ile, sosyal bir çocuğun duygusal yakınlık ihtiyacı birbirinden oldukça farklıdır... Bu farkı gözetmeden, çocuklara aynı biçimde davranmak, birinin ihmal edilmesine yol açabilir...

Adaletli davranmak herkesi olduğu haliyle görüp ihtiyaçlarına göre davranış sergilemektir.

Çocuklar arasında eşit olmaya çalışmak, memnuniyetsizliği ve kıskançlığı körükler...

18

"MÜKEMMEL ÇOCUK YOKTUR, KENDİSİ GİBİ OLMASINA İZİN VERİLMİŞ MUTLU ÇOCUK VARDIR"

Anne babalar genellikle kafalarında oluşturdukları ideal çocuğa erişmek üzere ilişkiye geçerler çocuklarıyla.

Bu ideal çocuk kitaplardan, filmlerden, reklamlardan, etrafta anlatılan hikâyelerden alınmış parçalardan oluşur çoğunlukla.

Başka çocuklarda oluşturulan özentiyle kendi çocuğunda beklenti oluşturmak, çocuğa karşı haksızlıktır...

Bir ebeveynin çocuğuna vereceği en büyük hediye, kendisi olmasına izin verilmesi özgürlüğüdür.

Zira ancak kendisi gibi olabilen çocukların halidir gerçek mutluluktur.

Birçok anne baba çocuğunu mükemmel yetiştirmeye gayret ederken, onu çok bunalttığının, kendi gibi olmasına fırsat vermediğinin farkında bile değildir...

Mükemmeliyetçilik, bir ebeveynlik yanılgısıdır...

19

“HAREKETLİ ÇOCUK, GELİŞEN ÇOCUKTUR”

Hareket halinde olmak çocuğun gelişimi için bir ihtiyaçtır.

Hem fiziksel hem zihinsel hem de duygusal gelişimin en önemli aracıdır hareketlilik.

Çocuk hareketliyse zihnen güçlüdür... Zira hareket, kan dolaşımını artırır... Kan ise zihnin besin kaynağıdır...

Çocuk ne kadar çok hareket ederse sakarlıktan o kadar kurtulur...

Fiziksel olgunlaşma, ancak hareketlilikle mümkündür... Çocuğun vücut organlarının bir uyum içinde olabilmesi, ancak hareket özgürlüğüyle yaşaması halinde mümkündür...

Çocuğun hareketliliği durdurulması gereken bir hal değil, uygun ortamlar hazırlanılıp teşvik edilmesi gereken bir durumdur...

20

“DUYARLILIK
EĞİTİMİ
OLMADAN
DAVRANIŞ
EĞİTİMİ OLMAZ”

İnsanın davranışlarının kökeni duygulardır...

Davranış, duygunun görünür kısmıdır...

Davranışın kökeninde hangi duygunun yattığını hesaba katmadan, direkt davranışı düzene koymaya çalışmak, pedagojik bir yanılgıdır...

Yalan söyleyen bir çocuğu, baskı ve zorlamayla yalandan vazgeçirmek, o çocuğa dürüstlük kazandırmak değildir...

Çocuk ancak duygularında olumluluk yaşarsa, davranışlarında da olumlu olur...

Duyguların olumlu olması, çocuğun kendini "değerli" hissetmesiyle mümkündür...

Olumsuz davranışların birçoğu, çocukta değerlilik hissi yoksunluğundan kaynaklanır...

Çocuklarda görülen olumsuz davranışlar, ancak değerlilik hissi kazandırılarak düzeltilir...

Baskı ve zorlamalar çocukta değersizlik hissini artırdığı gibi, olumsuz davranışları da çoğaltır...

21

"RUHEN SAĞLIKLI
ÇOCUK, TAKDİR
BEKLENTİSİ
OLMAYAN
ÇOCUKTUR"

Ebeveynlerin çocuklara kazandırabilecekleri en üstün özellik, beklentisiz olma özelliğidir.

Beklenti, kişilik gelişiminin önünde bir engeldir...

Zayıf kişilerin en büyük beklentilerinden biri "onay" ve "değer" beklentisidir.

Oysa kişi, başkaları onu onayladığı için değerli değildir.

İnsan değerli olduğu için değerlidir.

Beklenti içinde olmak, kişiyi yorar, beklentinin karşılanmaması halinde hayal kırıklığı ile sonuçlanır.

Çocukların değer beklentisi içinde olması, onların değersizlik hissettiğinin bir işaretidir...

Kendinde değer hisseden çocuk, çevresinden değer arayışına girişmez... Ebeveynlerin çocuklarını sürekli övmek, sevgi gösterilerinden bulunmak yerine, onlara kendilerinin değerli olduğunu hissettirmeleri yeterlidir...

Değerlilik hissi; çocuk konuşurken "dinlenilmesini", onun boy hizasından "göz göze" iletişim kurulmasını, tensel temasın kurulmasını ve sorunların konuşarak çözülmesini kapsar...

22

“ÇOCUK
İNSANI
İYİ EDER”

İnsanın en temel ihtiyacı güven duygusudur...

Kişi kendini güvende hissettikçe iç genişliği elde eder... Kendisi olmayı becerir...

Kendini güvende hissettiği kişiyle duygusal bağ kurar...

Bağlanma, insanın en temel ihtiyacıdır...

Kişi bağlanabildiği kadar kendini huzurlu hisseder...
Bağlanacak bir duygusal yakını olmadığında huzursuzdur...
kendini kötü hisseder...

Yetişkinlerin birbirine güven duyması ve bağlanması zor olsa da, çocuk ile bağlanma oldukça kolaydır...

Yetişkinler, çocuğa emredici olmayı bırakıp, onunla bağlanmayı başarabildikleri kadar kendi iyi oluş süreçlerini de hazırlarlar...

Çocuğun sevimliliği, sempatikliği, yetişkinin belki bir zamandır unuttuğu duyguları yeniden uyandırır içinde. Böylelikle aslında kişi uzunca zamandır unuttuğu doğal sevgiyi, samimiyeti, iyiliği ve güzelliği çocukla yeniden yakalar...

Çocuk insan için güvenilir bir liman gibidir. Ve her yetişkinin çocuksu bir dünyaya ihtiyacı vardır...

23

“ÇOCUK ‘KENDİ EŞYASINA’ DEĞER VERMEYİ DEĞİL ‘EŞYAYA DEĞER VERMEYİ’ ÖĞRENMELİDİR”

Bir ebeveynin çocuğunda kazandıracağı en özel his, değerlilik hissidir...

Değerlilik hissine sahip çocuklar başkalarına değer vermeyi öğrenirler.

Başkalarından kasıt, sadece insan değildir.

Hayvanlar, bitkiler, eşyaların da bir değer olduğunu fark etmek, ancak değerlilik hissini bilen kişilerin farkındalık seviyesidir...

Çocuğun bir eşyaya saygılı davranması, kendisine saygısının dışavurumudur.

Çocuğun sadece kendi eşyasını değerli bulup bu değeri başkasından esirgemesi, eşyaya saygının bir sonucu değil, bir iç daralmasının, kıskançlığın, paylaşmayı becerememenin sonucudur...

Çocuk, kendi eşyasına değil, eşyaya değer vermeyi ve saygılı davranmayı, anne babasının kendisine gösterdiği saygı kadar becerebilir...

24

“ÇOCUK
ONU SEVEN
KİŞİ İLE DEĞİL,
KENDİ SEVDİĞİ
KİŞİ İLE DOSTLUK
KURAR”

Çocuğun bozulmamış ruhu duruluk, saflık ve samimiyetten hoşlanır.

Sevdiği insanın zihninin arka planında bir şey olması çocuğu tedirgin eder.

Ve çocuk yetişkini hisseder... Duygularını da, düşüncelerinde saklı tuttuğu gizli yanları da...

Yetişkin ne kadar doğal olursa çocuk kendini o kadar güvende hisseder...

Çocuğa güven ve emniyet vermeyen yetişkinin çocuğu çok sevmesi, çocuk için anlamlı değildir.

Çocuk-yetişkin ilişkisinde çocuğu sevmek değil, çocuğun sevdiği kişi olmaktır önemli olan...

25

"YILIŞIKLIK,
ŞIMARIKLIK
DEĞİL,
ÇOCUĞUN
SEVİLME
ÇABASIDIR"

Çocuğun fiziksel ihtiyaçlarından çok daha önemlisi, duygusal ihtiyaçlarıdır...

Yemek içmekten daha önemli olan, çocuğun koşulsuz sevgi alabilmesi... Var olduğu haliyle yaşayabilmesine fırsat verilmesidir...

Duygusal ihtiyaçları karşılanmamış çocuk huzursuzdur, anormal davranışlar içindedir...

Bu huzursuzluk hali, ilgi ve sevgi arayışı ile sürer...

Çocuk, yetişkine yanaşır... ona dokunmak ister... öpmek, sarılmak ister... her an yan yana, dip dibe olma çabasına girer...

Dışarıdan bakıldığında sanki çocuk "şımarıyor" gibidir, ancak çok defa bu davranışların kökeninde "duygusal yakınlık" arayışı vardır... Sevilme ihtiyacı, değer görme, varlığını hissettirme çabası vardır...

Çocuk, sevgiye ihtiyacı olduğu halde, yetişkinden çekiniyorsa, vurmak-kaçmak, tükürmek-kaçmak, saç çekmek gibi anormal davranışlara girişir... Böylesi çocuklar şiddet eğilimi içinde değil, yakınlaşma çabası içindedirler...

Çocuk böyle yaparsa sevileceğini zanneder.

Anne babalara yılışıklık olarak görünen davranışların birçoğu duygusal yoksunluktan kaynaklanan sevilme çabasıdır.

26

"ŞIMARIKLIK
AŞIRI SEVGİDEN
KAYNAKLANAN
NE YAPACAĞINI
BİLEMEME
DAVRANIŞIDIR"

Yılışıklıkla karışan davranışlardan biridir şımarıklık.

Yılışan çocuk mahrum kaldığı sevgi ihtiyacını karşılamak için bu yola başvururken, şımarık çocuk aşırı sevgiden kaynaklanan bir şaşkınlık içindedir...

O da tükürür, vurur kaçar, dokunmaya çalışır ama amacı sevgi almak değildir, ne yapacağını bilemediği için böyle davranır... Şımarıklık, aşırı sevginin oluşturduğu minnet duygusunun yol açtığı garip davranışlardan başka bir şey değildir...

Böylesi çocukların gecenin bir yarısından olmayacak bir şey istedikleri, istedikleri yerine gelmezse de anne babalarına öfkeyle saldırdıkları görülür... Çocuğun kendini yolduğu, ağlayıp küstüğü görülür...

Her istediğini elde etmiş bir çocuk, yeni istekleri yerine gelmezse, aşırı biçimde seviliyor olmaktan kaynaklanan güvenle çevresine zarar verir...

27

"ÇOCUK ŞİDDETE UĞRADIKÇA TERBİYE OLMAZ, YILIŞIR"

Çocuk şiddete uğradıkça değersizlik hissetmeye başlar.

Değersizlik ağır bir yüktür... Çocuk bu yükten kurtulmak için sevimlice davranmak için çaba harcar...

Kendini sevdirmek için zıplar, aşırı güler, koşar, hayvan taklidi yapar. Bu davranışlarla kendini sevdireceğini zannederek hayali bir dünya içinde garip davranışlar sergiler...

Bu acınası bir çocukluk halidir.

Yılışık davranış sergileyen çocuğa kızıp onun değersizliğine değersizlik katmak yerine, kucak açıp, ihtiyacı olan değeri vermek daha doğru bir davranış olur...

Çocuklar ancak, dengeli duygusal yakınlıklar içinde, dengeli davranışlar geliştirir...

28

"ÇOCUK ANNE BABASININ KENDİSİNE NE SÖYLEDİĞİNİ UNUTABİLİR AMA NE HİSSETTİRDİĞİNİ UNUTMAZ"

Hatıraların çağrışımını sağlayan davranışlar değil duygulardır.

Çocuklar büyüyüp yetişkin olduklarında, anne babaları ile yaşadıkları olumsuzlukların nedenini tam hatırlayamayabilirler... Kendilerine hangi sözlerin neden söylendiğini de unutmuş olabilirler... Ancak o sırada ne yaşadıklarını, ne hissettiklerini bütün bir ömür boyunca unutmazlar...

Ebeveynlerin çocuklarına söyledikleri kelimeler değil, yaşattıkları duygular unutulmaz...

Bu ister olumlu, ister olumsuz duygular olsun...

Çocukla iletişim kurarken ne söylendiğinden daha çok, nasıl söylendiği, ne hissettirildiği önemlidir...

29

"DİKKAT YOĞUNLUĞU KAZANDIRMAK, ÇOCUĞUN DEĞİL YETİŞKİNİN BECERİSİDİR"

Çocukluğun en önemli özelliklerinden biri dikkatin dağınık olmasıdır.

Çocuğun dikkati algı sahasına giren her nesneyi fark etmek üzere kurgulanmıştır.

Bu, gelişimin doğal bir parçasıdır.

Çocuğun ilgisinin her şeye odaklanması lazım ki yaşamı tanıyabilsin.

Özellikle ilk yedi yaşta merak, çocuğun en önemli öğrenme motivasyonudur.

Merak duygusu çocuğun yeniye ilgi duymasını da beraberinde getirir...

Yetişkinin üstün özelliği, çocuğun merak içinde sağa sola yönelmesine karşın, dikkati kendi üzerinde toplayabilecek bir yeteneğe erişmesidir...

Bir eğiticinin en güçlü yanı, çocuğun ilgisini anlattığı konulara çekip dikkatini kendinde yoğunlaştırabilmesidir...

Dikkat dağınıklığı çocuğa mahsus bir zafiyet değil, yetişkinin yönetmesi gereken bir alandır.

30

"ÇOCUĞUN
OYUNCAK SAYISI
ARTTIKÇA DİKKAT
DAĞINIKLIĞI
ARTAR"

Çocuğun benliği eşyaya dokunabildiği, eşyanın işlevlerini öğrenebildiği kadar güçlenir.

Eşyalar arasındaki ilişkiyi, eşyayla olaylar arasındaki bağı çözdükçe zihinsel gelişimi hızlanır.

Eşyayı farklı duyularla kavradıkça duyusal gelişimi sürer.

Bir tek eşyayla uzunca zaman geçirdikçe onunla duygusal bir bağ kurar. Ve eşyanın ruhuna erişir çocuk...

Eşyaya nüfuz edebilen çocuk güçlü bir ruha sahip olur.

Eşyaya nüfuz edebilmek bir ihtiyaçtır. Benliğin güçlenebilmesi için gerekli bir ihtiyaçtır bu.

Çocuğa çok sık oyuncak almak, onun bir eşyada derinleşmesine engel olur.

Çocuğun bir eşyanın işlevlerini, parçalarının birbiriyle ilişkisini tanıyabilmek için zamana ihtiyacı vardır.

Bundandır ki, çocuğun tek tek oyuncaklarla bütünleşmesi, bir oyuncakta derinleşerek bütünleşmesi için çok oyuncak değil, çocuğun sevdiği bir oyuncakla zaman geçirmesi hedeflenmelidir...

Sürekli yeni bir eşyayla tanışan, devamlı yeni oyuncak alınan çocuklar bir eşyada derinleşmek yerine hep bir sonrakine odaklanırlar. Her yeni odak noktası çocuğun dikkatini daha da dağıtır...

31

“DUYGUSAL GELİŞİMİNİN EN ÖNEMLİ ÖZELLİĞİ ‘KOŞULSUZLUKTUR’”

Doğal ebeveynler çocuklarını koşulsuz severler.

"Sen beni sevmesen de ben seni seviyorum" diyebilirler.

Her türlü kaygıdan uzak bir biçimde koşulsuzca çocuklarına tebessüm edebilirler.

Çocuk, anne babasının kendisine duyduğu sevginin her koşulda devam ettiğini fark ederse duygusal gelişimini sürdürebilir.

Çocuklar bazen ebeveynlerine küserler, kızarlar. Henüz problem çözme yetenekleri yeterince gelişmemiş olduğu için tepkilerini yanlış biçimde ortaya koyabilirler.

Ama yetişkin, çocuk değildir.

Yetişkin, kendisine küsen çocuğa küsmemeli, kendisinden beklenen olgunlukla ve problem çözme yeteneğinin gerektirdiği biçimde hareket etmelidir.

"Sen bana küssen de ben sana küsmem ki" sözünü duyan çocuk kendini emniyette hisseder... Koşulsuzca sevildiği hissiyle duygusal gelişimini sürdürür...

32

“ÇOCUK KENDİNİ DİNLEYEN BİR EBEVEYNİN YANINDA YETİŞİYORSA DUYGUSAL GÜÇLÜDÜR”

Birçok ebeveyn, çocukları için çalışır, çabalar, üretir... Kazandıklarını çocukları için biriktirir... Onlara güzel bir gelecek bırakmak için sürekli çalışır...

Oysa çocuğa bırakılacak en güzel gelecek, doyumsanmış çocukluk yıllarıdır...

Çocuk ancak anne babası ile doyasıya yaşarsa, duygusal doyumsamalar gerçekleşir...

Çocuk anne babasına ihtiyaç duyduğu halde onları yanında bulamadıysa... konuşacak bir kişi aradığında onların yoğunluğuna denk geldiyse... ebeveyni ile konuşmak yerine kendi içinde konuşarak uykuya daldıysa... Böylesi çocuklar alıngan ve duygusal zayıftırlar...

Çocuğun duygusal gücü, ebeveyni ile kaliteli iletişim kurdukça oluşur... Kendini ifade edebildikçe gelişir...

33

"ÇOCUK
ANCAK BİRLİKTE
KARAR ALINMIŞSA
YAPILAN İŞTEN
MUTLU OLUR"

Çocuk için bir an'ı güzel kılan şey o an'ın birlikte yaşanmış olmasıdır...

O an'ı yaşamaya sürüklenmiş olması değil.

Çocukla yapılacak bir şeye karar verirken, çocuk da yapılacak işte söz sahibi olmak ister...

Yapmak zorunda bırakılmak değil, karar alma sürecine katılmak ister.

Başkasının götürdüğü bir yere değil, kendi seçtiği yere gitmek ister.

İnsan ancak kendinin de pay sahibi olduğu işi yaptığında yapılan işi hisseder...

Kişi kendinin pay sahibi olmadığı kararlara karşı içten değildir...

Almadığı kararın duygularını yaşayamaz.

Çocukla birlikte yaşama becerisi elde etmek isteyen yetişkin, çocuğuyla birlikte karar almayı bir yetenek haline getirmelidir...

34

“EBEVEYNLİK
ANCAK RUHTA
‘SEKİNE’
DUYULDUKÇA
KEYİF ALINAN BİR
HALDİR”

Doğal ebeveynlik, sekine ile yaşanarak elde edilen bir yetenektir...

Sekine, yavaşlık, sakinlik, içsel derinlik elde etme becerisidir...

Anne babalar, kendi içlerinde derinleşebildikleri kadar çocuklarıyla içsel bir buluşma yaşarlar... Çocuğu ile içsel buluşma yaşayan anne babalar ebeveynlikten keyif alır...

Böylesi ebeveynlerdir ancak çocuklarının çocukluk dönemlerine "şahitlik" edebilenler...

Ve böylesi ebeveynler için çocukla baş etme çabası değil, birlikte yaşamanın tadı vardır...

35

"EBEVEYN OLMANIN EN ZOR YANI, ÇOCUĞUN MİNİK HATALARINI TEBESSÜMLE KARŞILAYABİLMEKTE GİZLİDİR"

Ebeveyn olabilmenin en zor yanı, neyin doğru neyin yanlış olduğunu bildiği halde çocukların yaptıkları hatalara müdahale etmeden onları tebessümle seyredebilmektir.

Çocuğun doğru ve yanlışa dair bilgisi sınırlıdır.

Sadece elinde tuttuğu bilgilerden yola çıkarak davranır, var oluşunu sürdürür çocuklar...

Gelişiminin doğal bir parçası olarak da hatalar yapar.

Hata yapmak, bir kusur değil, yanlış yapıldığında ne olacağına dair gerçek bir deneyimdir...

Bu deneyimden yoksun bırakılan çocuklar, hata yapmaktan korktukları gibi, doğruya nasıl erişeceklerine dair öngörülerde de sınırlı kalırlar...

Çocukluk yıllarında yapılan hatalar masumdur.

İnsanın bu en masum döneminde, hatalarını tebessümle karşılamak, onun yoldan çıkmasına sebep olmaz, hatalar karşısında kendisine fırsat verilmesinin "değerini" hissettirir...

36

“EĞİTİM
EVDE,
GELİŞİM
SOKAKTA
OLUR”

Ev, çocuk için en büyük öğrenme mekânıdır.

Çocuk, duygularını fark etmeyi, kendini ifade etmeyi, sosyal ilişkilerde nasıl davranılması gerektiğini anne babasından öğrenir. Bu öğrenmenin gerçekleştiği mekân evdir.

Ev, çocuk için gündelik yaşamın prova edildiği yerdir.

Sokak ise öğrenilenlerin uygulama alanıdır.

Çocuk sokağa çıktığında evde öğrendiklerini hayata uygulama fırsatı kazanır.

Çocuğun sokaktaki tüm eylemleri evdeki provaların nasıl gittiğine dair bir göstergedir.

Sokak, çocuğun acemiliklerinin düzeltileceği yer değildir. Sokakta ya da ev dışı herhangi bir alanda çocuğun eleştirilerek eğitilmeye çalışılmaması gerekir.

Çocuğun sokaktaki yetersizliği ve yeteneksizliği evdeki eğitimin eksikliğinin dışarıya yansımış halidir.

Eksiklik, dışarıda fark edilse bile bunun düzeltileceği yer evdir.

37

"RUHEN DOYABİLMEK RUHEN DUYABİLMEKLE MÜMKÜNDÜR"

Duyabilmek hislerinin farkına varabilmektir.

Bir insanın ruhen doyabilmesi için önce kendi ruhunu duyabilmesi gerekir.

Duygularının farkına varamayan, hissedemeyen kişi duygusal ihtiyaçlarını ayırt edemez.

Kendisini duymayan kişi ne kadar duygusal yakınlık elde ederse etsin duyamamaktan kaynaklanan bir doyamama hali içindedir.

Ya da kendisine ihtiyacından az olarak sunulan yakınlıkları doyma yakınlığı zannedebilir.

Duygusal gelişimi engellenmiş çocuklar kendilerini duymakta zorluk çekerler...

Kendini duymakta zorluk çeken çocuklar, ebeveynlerini de duyamaz, yaşamı da...

Bir çocuğun başına gelebilecek en zor durum, içsel duyuşlarını kaybetmesidir...

38

"ÇOCUK
EĞİTİMİNDE
YÖNETMEK DEĞİL
REHBERLİK ETMEK
ESASTIR"

Çocuk normal bir ruhla dünyaya gelir...

Çocuğun anormal olduğunu düşünmek, onun erken yaşta terbiye edilmesi için tedbir alınması gerektiği yanılgısını oluşturur...

Halbuki, çocuğun tek eksikliği yaşama dair tecrübeleridir...

Ebeveynin yapması gereken şey de çocuğa henüz yabancısı olduğu yaşam hakkında rehberlik etmektir...

Doğru rehberlik, ancak ihtiyaç anında sunulan yardımla mümkündür...

Henüz çocuğun ihtiyacı oluşmadan sunulan yardımlar, onu yaşama hazırlamaz, yeteneklerini köreltir...

İhtiyaç oluşmadan sunulan rehberlik, rehberlik değildir...

Bir iş yapan çocuğa, o işi yapması için fırsat verilmeli... İşi beceremediğinden dolayı, her an müdahale edip ona yardım etmeye çalışmamalıdır... Çocuk yardıma ihtiyaç duyduğunda destek, yardım isteği kadar olmalıdır ki, yaptığı işin ayrıntısını fark edebilsin...

Çocuk daha yardıma ihtiyacı olduğunu hissetmeden yardım etmeye çalışmak, onun yeteneklerini köreltmekten başka bir şey değildir...

Çocuğun montunun fermuarını çekmesini bekleyemeyen bir ebeveynin yaptığı, rehberlik değil, yönetmektir. Yönetilen çocukların gelişimleri rehberlik edilen çocuklardan daha yavaştır...

39

> KENDİNDE DEĞERSİZLİK HİSSİ TAŞIYAN EBEVEYNLER ÇOCUKLARINA YETERSİZLİK HİSSİ VERİR

Değersizlik duygusu içindeki kişinin en büyük uğraşı değer görme çabasıdır.

Değer görme arayışı, değerli bir kişiden takdir bekleme yanılgısını oluşturduğu gibi, bazen de, karşıdaki kişinin değerini düşürerek kendini değerli hissetme yanılgısını körükler...

Böylesi ebeveynler, kendilerini çocuklarıyla kıyaslar, kendi çocukluk yıllarında ne kadar başarılı, ne kadar tertipli düzenli, ne kadar azimli ve çalışkan olduklarını vurgularlar...

"Ben senden daha iyiydim, daha başarılıydım..." vurgusu çocuğu teşvik etmek için olsa da, çocukta yetersizlik hissi oluşturur...

Çocuk, ebeveyniyle kıyas edilecek eşitliğe sahip değildir...

Çocuğuna değer veren hiçbir ebeveyn kendisini çocuğuyla kıyas etmemeli... Çocuğunu kendi yaşamının olumlu yanlarını ön plana çıkartarak ezmemelidir...

40

"CEZANIN KAYBETTİRDİKLERİ YANINDA KAZANDIRDIKLARININ KIYMETİ YOKTUR"

Çocuk yetiştirmek bir davranış değiştirme eğitimi değildir.

Çocuğun duygusal olgunluk seviyesine erişmesine, duygusal yapılanmasının zarara uğramamasına, kendi gibi olabilmesine imkân oluşturmaktır.

Sadece davranışa odaklanan anne babalar cezayla sonuç aldıklarını düşünürler. Oysa ceza alan çocuğun kaybettiği duygular kazandığı davranıştan çok daha dramatiktir.

Ödül ya da cezayla davranış değiştirmek pratik bir çözüm olarak görünebilir. Ancak her davranış değişikliği çocuğun o davranışı kabul ettiği anlamına gelmez.

Çocuğun duyguları değişmeden davranışını değiştirmek o çocuğu ikiyüzlü kılar. Önemli olan, davranışa kökenlik eden duyguların değişmesidir. Duyguların değişmesi ancak çocukla eşit düzeyde kurulacak bir ilişkiyle ve çocuğun o davranışı kabul etmesiyle mümkün olur.

41

“İÇTENLEŞMEYEN DAVRANIŞ, EDİNİLMİŞ DAVRANIŞ SAYILMAZ”

Ödül ya da ceza ile çocuklarında davranış değişikliği oluşturduklarını düşünen ebeveynler çok sevinmesinler.

Çocuk ödül veya ceza sebebiyle, aslında içsel olarak kabul etmediği bir davranışı sadece uyguluyor olabilir.

Davranış değişiminde esas olan, kişinin o davranışa yol açan duygularının değişimidir.

Duygusal yapılanma değişmeden, sadece ödül ve ceza kullanılarak değiştirilen davranışlar içselleştirilmez.

Bir davranışın içtenleşmesi, değişmiş olmasından çok daha önemlidir.

Bir çocuğun her koşulda dürüst davranamasa bile dürüstlüğü benimsemiş olması, dürüst davranıyor görünmesinden çok daha güzeldir.

Arada yalan söylese bile yalan söylemenin yanlışlığını benimsemesi, bir çocuğun benimsemediği halde yalan söylemeyi durdurmuş olmasından daha önemlidir.

Davranışlar içsel olarak kabullenildikleri nispette değerlidir.

42

"DUYGULARI
CEZA İLE
BASTIRILAN KİŞİLER
YA AGRESİF OLUR
YA DEPRESİF"

Bastırılmış duygular insanı ancak belli bir yere kadar götürebilir.

Bastırılan duyguların içeride oluşturduğu patlama ve gerginlikler bir süre sonra kişiyi agresif hale getirir.

Ya da artık dışarıda yeneceği bir şey olmadığını fark eden kişi kendi kendine hırçınlaşarak depresif olmaya başlar.

Duygularını yaşaması engellenen çocuk, kendisini ifade eden eylemlerden uzaklaştığı için sürekli duygularına baskı yapmak zorunda kalır.

İnsan duygularının baskı altına alınmasına bir yere kadar tahammül edebilir. Bu duyguların bir kanal bulup dışarı çıkması gerekir.

43

"ÇOCUĞA VERİLEBİLECEK EN AĞIR CEZA ONA KÜSMEKTİR"

Bir insana yapılabilecek en ağır aşağılama, varlığını değersiz kılmak ve yok saymaktır.

Kendisine küsülen çocuk varlığının değer görmediğini ve yok sayıldığını hisseder.

Bir kişinin varlığının yok edilmesi, onun duygularının, düşüncelerinin, hedeflerinin, seçimlerinin, her şeyinin yok edilmesi anlamına gelir.

Kendisine küsüldüğünde geçici de olsa ebeveyniyle bağının koptuğunu hisseden çocuk başa çıkılması çok zor bir durumla karşı karşıya kalır.

Küsmek, çocuğu boşluğa bırakmaktır. Tutunmalarını koparma, hisleriyle boşluğa bırakma.

44

"CEZA
ÖDEŞMİŞLİK
DUYGUSU
OLUŞTURUR"

Çocuk ancak bir davranışın yanlış olduğunu anlarsa o davranıştan kaçınır...

Ceza, hata yapan kişinin dikkatini hatalı davranıştan uzaklaştırıp kendisine hissettirilen hoşnutsuzluğa odaklar.

Ceza alan kişi artık ne yaptığı üzerine değil kendisine ne hissettirildiği üzerine düşünüyordur.

"Nasıl olsa yaptığımın karşılığını aldım" düşüncesiyle aynı şeyi yeniden yapabilecek hale gelir böylelikle.

Oysa insanın içinde bir davranışın yanlış olduğu konusunda vicdani bir uyanış olursa, o kişi aynı davranışı tekrar etmek istemez. Yapsa da huzursuz olur. Vicdanı bir itici güç olarak onu doğru davranışa sevk eder.

Ceza çocuğun içindeki vicdan mekanizmasını susturur. Böylelikle çocuk aslında iç kılavuzunu kaybeder. Çünkü yaptığı davranışla ödeşmiş, artık içinde o hataya dair bir huzursuzluk hissi kalmamıştır.

45

“BİR KİŞİNİN
YANINDA
DİĞER KİŞİYİ
ÖDÜLLENDİRMEK,
ÖDÜLLENDİRİLMEYEN
KİŞİYİ
CEZALANDIRMAK
DEMEKTİR”

Değerlilik duygusu çabuk yara alan bir duygudur.

İki kişinin bir arada bulunduğu bir durumda, kişilerden birini ödüllendirmek ikisine verilen değer konusundaki eşitliği bozar.

Diğeriyle eşitliğini kaybeden kişi kendini değersiz hisseder.

Bir arkadaş grubu içinde çocuklardan birini öne çıkarmak diğer çocuklara kendilerini önemsiz hissettirir.

Bir öğretmen, öğrencilerinden birini tercih ederse diğerleri tercih edilmemiş olmanın acısını duyarlar.

46

"İNSANI
BUNALIMA
DÜŞÜREN ŞEY
OLAYLARA
YÜKLEDİĞİ
ANLAMDIR"

İnsan, hayatı ona yüklediği anlamlarla anlamlandırır.

Olaylara yüklediği anlamlara göre mutlu ya da mutsuz olur.

Bir çocuğun hayata anlam verme biçimini belirleyen şey ailesinde gözlemledikleridir.

Ailesinde kötümserlik hakim olan bir çocuğun zorlu olaylara direnme gücünün pek de gelişkin olmaması, yaşadığı problemler karşısında çabuk pes etmesi şaşırtıcı değildir.

Annesi örümcekten korkan bir çocuğun örümcek korkusu geliştirmesinden daha beklendik ne olabilir?

Ebeveynlerin hayata bakış açısı sadece kendi yaşam kalitelerini değil, çocuğun yaşamı nasıl anlamlandıracağını da etkiler.

Güzel gören, güzel düşünür... Güzel düşünen, hayattan lezzet alır...

47

"EBEVEYNLİK
ÇOCUĞUN
İÇ KILAVUZUNUN
SESİNE KULAK
VERMEYİ
GEREKTİRİR"

İnsan sürekli bir var olma çabası içindedir.

Çocuğun yönelişlerini fark etmek ve bu yönelişe uygun rehberlik yapmak, onun için "en ideal" hayatı hazırlayacak koşulları sunmaktan daha kıymetlidir.

Çocuğun her şeyden önce kendi olabilme yeteneğini geliştirmesi gerekir.

Bu yeteneğin gelişmesi için elverişli koşulları oluşturmak, çocuğun kendisi olmasına izin vermek ebeveynin yapabileceği en güzel iştir.

Çocuğun içsel çatışmalar yaşamadan kendi olabileceği koşulları oluşturan ebeveynler iç kılavuza saygı duyan ebeveynlerdir.

48

"ÇOCUĞUN
KİŞİLİK
KAZANMASI İÇİN
İÇ KILAVUZUNUN
YÖNELİŞLERİNE
SAYGI GÖSTERMEK
GEREKİR"

İnsanın içinde onun hayata dair yönelişlerini belirleyen bir iç kılavuz vardır.

Kimi çocuk müziğe her şeye olduğundan daha fazla ilgi gösterir.

Kimi bedensel faaliyetlerde iyidir.

Kimi derin düşünme özelliklerini daha erken yaşta gösterir.

Anne babaların kendi zihinlerinde ise çocuklarının nasıl olması gerektiğine dair bir resim vardır.

Bu resim, çocuğun iç kılavuzunun sesini duymayı zorlaştırabilir.

Çocuğun buyurucu iç kılavuzundaki yönelişlere alan açan ebeveynler çocuğun kişiliğinin ortaya çıkmasına zemin hazırlarlar.

49

"ÇOCUĞUN KİŞİLİĞİ DUYGULARINA EŞLİK EDİLDİKÇE GÜÇLENİR"

Davranışlar, gerçek kişiliğin uzantısı olarak gerçekleşirse kişiye güzellik kazandırır.

Hislerine ve kişiliğine rağmen yapmak zorunda kaldığı davranışlar insanı içsel bir çatışmaya sürükler.

Kendi kişiliğini ortaya koyamamış çocuğun içinde verdiği savaş, davranış bozukluğuna sebep olur.

Çocuğun kişiliğini bulma yolculuğunda davranışa odaklanıp onu zorunluluklarla baş başa bırakmak çocuğa verilecek zararların başında gelir.

Güçlü çocuklar yetiştirmek isteyen ebeveynlerin çocuğun hislerinin farkında olup bu hislere eşlik etmesi gerekir.

50

“ÇOCUK
ANNEDEN
DUYARLILIĞI,
BABADAN
KARARLILIĞI
ÖĞRENİR”

Annenin çocuğun duygu dünyasının uyarılmasındaki rolü vazgeçilmezdir.

Şefkat, merhamet, sevgi, empati, sıcakkanlılık, sevecenlik, güler yüzlülük, ince detayları fark edebilmek anneden edinilen özelliklerdir.

Fakat bu duyguların sınırsızlığı yaşam içinde insanı zarara sokabilir.

Duygulara sınır koyabilmekse babadan edinilen bir kazanımdır.

Babanın asli rolü çocuğa kararlılık, irade kullanımı, zorluklara direnç gösterebilme, sıkıntılara göğüs gerebilme modeli oluşturmaktır.

Bu yeteneklere sahip bir babanın çocuğu babasından iradeyi edinmiş olur.

Çocuğun duyarlılıkta da iradede de eksik kalmaması için anne babanın doğal halleriyle var olmaları vazgeçilmez önemdedir.

51

"ÇOCUĞUN İHTİYACI OLMAYAN ŞEYLER İHTİYACA DÖNÜŞTÜRÜLDÜKÇE BAĞIMLILIK BAŞLAR"

Bütün çocukların sevgiye ihtiyacı vardır ama hiçbir çocuğun abartılmış sevgiye ihtiyacı yoktur. Abartılı sevgiye alıştırılan çocuktan sevgiyi kesmeye çalışmak işi çatışmaya çevirir.

Ebeveynler çocuklarının doğal ihtiyaçlarını doğal bir şekilde karşıladıkça çocuklarının sakin ve dingin bir hale büründüğünü görürler. Abartılmış ebeveynlikten kaynaklanan duygular çocuğa fayda vermez, çatışmayı artırır.

Pedagojide temel kural çocuğun ihtiyaçlarını vaktinde ve yeterince karşılamaktır.

İhtiyaçların vaktinden geç ve gerektiğinden az karşılanması gibi, henüz oluşmadan önce ve gerektiğinden fazla karşılanması da çocuk için zarar vericidir.

52

"DOĞRUYU SÖYLEMEK AYRI, ÇOCUĞA TESİR EDEBİLMEK AYRIDIR"

Günümüzde yaşanan en büyük ebeveynlik sorunlarından biri çocuğa tesir edememektir.

Çünkü çocuğa tesir edebilmek doğru olanı bilip göstermekten daha fazlasını ister.

Tesir edebilmenin temel şartı, çocukla ebeveyn arasında sağlam bir bağlanmışlık ve güven duygusu olmasıdır.

Çocuğuyla bağlanamamış bir ebeveyn ona tesir edemez.

Ebeveynin söylediği şey doğru olsa da, çocuk onu zihinsel filtreden geçirmeden davranışa dönüştürmez.

Çocuğun duygularına erişebilmenin yolu ise güvenli bağlanmadan geçer.

Çocuk kendini yanında emniyette hissettiği ebeveyninin söylediklerini dikkate alır.

Çocuk böyle bir ilişki içinde işittiklerini hayatına katmak ister.

53

"ÇOK BİLEN EBEVEYNLERİN ÇOCUKLARI DUYGUSAL ZAYIF, MÜTEVAZI ANNE BABALARIN ÇOCUKLARI DUYGUSAL GÜÇLÜDÜR"

Bildiği halde bildiğini bildirmemeye mütevazılık denir... Ebeveynler çocuklardan genelde daha çok bildikleri için çocuğun en çok ihtiyacı olan şey, mütevazı bir anne babasıdır...

"Mükemmel" biriyle yan yana bulunan kişi hata yapmaktan korkar. Sürekli kendini diğeriyle kıyas eder, sınavda gibi hisseder. Söylediğinin çok basit olmasından çekinir, kaygılanır. Gelişemez.

İnsan her davranışını yorumlayacak birinin karşısında susar, harekete geçemez, pasifize olur. Bu, çocuğu çok ezen bir haldir.

Eğer bir ebeveyn, çocuğuna kendisinin de hatalarının olabileceğini, bilmediği şeylerin var olduğunu hissettirebilirse çocuğun eşitlik ve özgür alan arayışı cevap bulabilir.

Ebeveynin çocukla sadece bilgiyle iletişim kurmak yerine günlük yaşama dair de konuşabilmesi gerekir. Çocuk hata yaptığında bunu hissettirmemek, kendisinin çok iyi bildiği duygusunu uyandırmamak, tek bir alana yoğunlaşmak yerine her alanla ilişki kurmak...

Çocuğunun güçlü bir ruhsal yapıya sahip olmasını isteyen ebeveynler, çocuklarının yanında mütevazı olmalıdır...

54

"EBEVEYNLERİ ÇOCUKLARINA KARŞI SERT OLMAYA İTEN EN GÜÇLÜ YANILGI 'YÜZ VERİRSEM ŞIMARIK OLUR' YANILGISIDIR"

Ebeveyni ile bağ kuran çocuklar şımarık değil, duygusal yeterli çocuklar olur...

Duygusal yeterli bir çocuk, dengeli, huzurlu ve güvenilir bir insan olur...

Kim ki sevgiden mahrum kalır, huzursuz ve dengesiz davranışların sahibi olur...

Birçok anne baba "ne biçim çocuk yetiştirmiş" eleştirisini duymamak için, buyurgan ebeveyn olmanın bir çözüm olduğunu düşünür...

Halbuki çocuk, çocuktur...

Koşar, düşer, ağlar, bazen şımarır, bazen akıllı olur...

Çocuğu şımarık yapan şey ihtiyacı olandan fazla sevgiye boğulmasıdır.

Hata yaptığında, tam da şefkate ihtiyacı olduğu anda annesinin kucağına koşan çocuğa sert davranmak onu şımarmaktan korumaz, duygusal olarak incinmesine sebep olur.

Hata anında sertlikle karşı karşıya kalan çocuk, hatasını algılayıp bundan öğrenmek bir yana, hatalı davranışın içeriğinden kopup doğrudan incinen duygularına odaklanır.

Sertlik şımarıklığa çare olmadığı gibi, çocuğu incitmekten ve ebeveynle bağını zedelemekten başka bir şeye yaramaz.

55

“EL ÂLEM İÇİN ÇOCUK YETİŞTİRİLMEZ”

Çocuk hayatı yaşayarak öğrenir...

Öğrenirken hatalar yapar, kendince bulduğu çözümlerle kabahatler işler...

Bütün bu yanılgılar yaşanmadan insan olmak, yetişkin olmak, olgun olmak mümkün değildir...

Zira olgunlaşma, başkalarının değil, kişinin kendi tecrübeleri ile oluşur...

Çocuğun hataları anne babaları daha çok "başkalarının" yanında zorlar...

Ev içinde tebessümle karşılanabilen çocuksu davranışlar, arkadaşlar, akrabalar, sosyal çevre içinde olunduğunda anne babayı mahcup eder.

Oysa el âlem için çocuk yetiştirilmez...

Çocuğun çocuksu davranışlarından rahatsız olunan el âlemin yanında da çocuk yetiştirilemez...

Çocuğa tahammülsüz, baskıcı bir çevre içinde bulunmak, o çevrenin baskılarına kulak asmamayı gerektirir ki, çocuk kendi ebeveyninin zararına uğramasın...

56

"YAPTIĞI FEDAKÂRLIKLARDAN SIKÇA BAHSEDEN EBEVEYNLERİN, 'MİNNET DUYGUSU' İLE EZİLMİŞ ÇOCUKLARI OLUR"

Mahcubiyet insanın en güzel hislerindendir...

Doğuştan itibaren var olan bir histir bu...

Bu his sayesinde insanlar, toplumsal olarak kabul görmeyen davranışlardan uzak durur... Sosyal yaşama uyum yeteneğine erişir...

Mahcubiyet hissini yitirmiş birey, temel insani değerleri gereksiz bulur, insan ilişkilerinde "empati" duygusunu yitirir...

Mahcubiyet hissinin yitirilmesi duyarsızlığa sebep olduğu gibi, bu konuda aşırı hassasiyet de kişinin kendi gibi olmak yerine, kendisinden beklendiği gibi olmasına neden olur...

Ebeveynlerin çocukları için yaptıkları fedakârlıkları anlatması, çocuğu minnet altında ezdiği gibi, mahcubiyet hissinin dengesini de bozar, aşırı hassaslaştırır...

Hiçbir çocuğun, çocukluk döneminde, anne babasının kendisi için yaptığı fedakârlıklara karşılık verecek gücü yoktur... Çocuğun böylesi bir gücü olmadığı halde, onun için yaptıklarını vurgulayan ebeveynlerin, çocuklarına haksızlık ettiklerini bilmeleri gerekir...

57

“EBEVEYNLER GENELLİKLE ‘BENCİL’ DEĞİL ‘BENMERKEZCİ’ BİR EĞİLİMDEDİRLER”

Bencillik, "ben"ciliktir... "kendi"ncilik... kendini tercih etme...

Hiçbir ebeveyn yoktur ki, çocuğu ile girdiği bir çıkar çatışmasında kendini tercih etsin...

Anne babalar, kendi yemez çocuğuna yedirir... kendi giymez çocuğuna giydirir...

"Ben"ci bir anne baba düşünmek garip gelir insana...

Ancak birçok anne baba "benmerkezci" bir eğilim içindedir de farkında bile değildir...

Benmerkezcilik; kişinin, olayları kendinden yola çıkarak yorumlamasıdır. Çocuğun gözünden bakamaması, olayları onun dünyasından algılayamamasıdır...

Benmerkezci anne babalar farkına varmadan, çocuklarının iyiliği için çocuklarına zarar verirler... Çocuklarına saygı duymak yerine, onlar adına düşünür, onlar adına karar verirler...

Halbuki, en büyük ebeveynlik başarısı, çocuğun da bir dünyası, hisleri, yaşama bakışı olduğunu fark etmektir... Çocuğunun farklı bir yaşamı olduğunu fark eden ebeveynler, hayata, kendi gözleri ile değil, onun gözleri ile bakabilirler... Aslında bu, yetişkin için çok keyif verici bir duygu durumudur. Yetişkin, böylece çocuğun çocuksuluğundan keyif alır... Aksi takdirde, sürekli bir beklenti içinde çocuğu incitir de farkına bile varmaz...

Kar yağarken pencere kenarında sevinç içinde heyecanlanan çocuğun önüne, "dışarı soğuk, üşürsün" diye engel çıkartan ebeveyn, benmerkezci bir ebeveyn... çocuğunun heyecanını kendi içinde duyup, "nasıl yapsak acaba, çok heyecanlandı galiba" diye düşünüp çözüm üretmeye çalışan ebeveyn ise çocuk dostu bir ebeveyndir...

58

“BENMERKEZCİ EBEVEYNİN ÇOCUĞUNA İLGİSİ KENDİ İHTİYAÇLARININ YOKSUNLUĞU KADARDIR”

Benmerkezci bir ebeveynin çocuğuna yönelişinin zemininde kendi yoksunlukları vardır.

Böylesi anne babalar, kendi içlerinde "duygusal hazır oldukları" zaman çocuklarına sevgi gösterisinde bulunurlar... Çocuklarının sevgiye ihtiyacı olduğu zamanlarda değil.

Çocuklarından yola çıkarak değil, kendi içlerinden geldiğince ebeveynlik yaparlar...

Çocukla empati kurulmadan yapılan ebeveynlik, içinde birçok yanılgı barındırır...

Benmerkezci ebeveynler, çocuklarıyla kendi çocukluklarını karıştırırlar... Onun üzülmesini kendi üzüldüğü zamanlarla yorumlar... mutluluğunu kendi çocukluk yıllarındaki mutluluk zannederler...

Oysa çocuk, ebeveynin hayatının devamında değil, kendi yaşamının başlangıcındadır...

Ebeveynler, çocuklarına kendi yoksunluklarıyla yaklaşmak yerine, onları kendi var oluşlarıyla karşılamalıdırlar...

Aksi takdirde çocuk, kendi gibi olmak yerine, anne babasının kopyası olacaktır...

59

"BENMERKEZCİ EBEVEYNLER ÇOCUKLARININ KENDİ KONTROLLERİNDEN ÇIKMASINI SAYGISIZLIK OLARAK DEĞERLENDİRİR"

Benmerkezci anne babaların çocuklarıyla ilişkisi çocukları kendilerine tâbi olduğu sürece yolunda gider. Benmerkezci ebeveyn çocuğuna söz geçirebildiği kadar kaygılarından sıyrılır ve rahat nefes alır...

Çocuk anne babasının duygularına karşılık vermek yerine kendi duygularını, kendi mizacını ortaya koymaya başladığında anne baba kaygıya kapılır... Çocuğunun yoldan çıktığı, artık kendisini dinlemeyeceği korkusunu yaşar...

Bu da bir ebeveynlik yanılgısıdır.

Hayatının ilk yıllarında yeterli donanıma sahip olmadığı için anne babasının yönlendirmelerine daha çok uyum gösteren çocuk, yetenekleri ve yapabildikleri geliştikçe, kişiliğini ortaya koyabileceği fırsatlar bulduğunda içinden geldiği gibi davranmaya başlamıştır yalnızca.

Onun derdi anne babasına saygısızlık ya da vefasızlık etmek değil, sadece kendisi olmaktır.

60

“ÇOCUK
KENDİSİNE
YAPABİLME FIRSATI
VERİLDİKÇE
BAŞARILI OLUR”

Çocuk, varoluşuna izin verildikçe hayatı tanır...

Çocukluk yılları, denemek... yanılmak... düşmek... kalkmak yıllarıdır...

Çocuk denedikçe, yanılgısını gördükçe ve ebeveyni buna hoşgörüyle izin verdikçe gelişimini sürdürür...

Bazı ebeveynler çocuklarının hiç hata yapmasını istemezler... Hep doğru sözlü, hep akıllı uslu, hep hayal ettikleri gibi biri olmasını isterler...

Oysa çocuğun gelişimi, yapabildiğiyle yapabileceği arasındaki mücadeleden ibarettir. Bu mücadele alanında çocuğa fırsat tanımamak, onun gelişimine engel olmaktır.

Kendi başına yapacağı işlerde çocuğa yardım etmek onun içsel enerjisini söndürür. Bir işi yapabilmenin hazzını yaşamaya engel olur...

Çocuğunun gelişimine katkı sağlayan ebeveyn, onun çocuksu yanlışlarını tebessümle karşılayıp doğruyu bulmasına fırsat veren ebeveyndir...

61

"ÇOCUĞUN İHTİYACI OLAN ŞEY, YAPABİLDİĞİNİ GÖRMEKTİR"

Gelişim birbiri içine girmiş halkalardan oluşur.

Çocuk, her yaş dönemi geldiğinde bir önceki yaş döneminin sınırlarını aşmak ister.

Her gelişim döneminde çocuğun içinde yeni heyecanlar ortaya çıkar.

Yeni olan her şey çocukta merak uyandırır.

Merak sahibi çocuk, merak ettiği şeyi kendisi de yapabileceğine inanırsa heves başlar...

Çocuğun bir işi başarmak için duyduğu heves, o işi başardığında yeni işler yapmak için isteğe dönüşür...

Anne baba, çocuğun yapabilme hevesiyle el attığı işe müdahale ederse heves kaçar gider...

Ebeveynlik bir işin nasıl yapılması gerektiğini çok iyi bildiği halde, çocuğun onu kendi kendine yapabilmesi için beklemeyi gerektirir.

Çocuk için en değerli vakit, bir iş yaparken, anne babasının kendisine müdahale etmeden yanında beklediği vakittir...

62

"HER AN DENETLENDİĞİ HİSSİYLE DAVRANIŞLARINI KONTROL EDEN ÇOCUKLARDA SAHTE BENLİK OLUŞUR"

Çocukluk yılları duyguların denetlendiği değil, özgürce genişlediği yıllardır...

Duygularında ne kadar özgür olursa bir çocuk, davranışlarında da o denli disiplinli olmaya doğru ilerler...

Çocuğa duygularını yaşama fırsatı verilmiyor, gülse eleştiriliyor, ağlasa susturuluyorsa, böylesi çocuklar içe değil, dışa odaklı olurlar... Kendilerini dinlemek yerine, dışarıdan gelen yönlendirmelere ayak uydurmaya gayret ederler...

Bu, çocuk için acınası bir durumdur...

İnsan kendi duygularını kendisi denetledikçe ve baş edebilmeyi öğrendikçe kişilik kazanır... Duygularını yetişkin denetimine kaptıran çocuklar içlerinden geldiği gibi olmak yerine, kendilerinden beklendiği gibi olmayı bir yetenek haline getirirler...

Bir başka deyişle, olmadığı gibi görünmek ikinci doğası olur bu çocukların... Böylesi çocuklar sahte benlik geliştiren çocuklardır...

Ebeveynlik, çocuğun duygularını denetlemek yerine, onun kendini dinleyebileceği, kendi mizacına göre kişilik yapısını geliştireceği zemini hazırlamaktır.

63

“DUYARLI EBEVEYN ÇOCUĞUNDA AŞAĞILANMA VE MİNNET DUYGUSU OLUŞTURMAZ”

Aşağılama hissi bir duyarsızlık halinin sonucudur.

Birini aşağılamak ve aşağılanan kişinin duyduğu acıyı hissetmemek tam bir duyarsızlık halidir.

Bir davranış oluşturmak için çocuğunu aşağılayan ebeveyn kendini çocuğun duyduğu acıya kapatmak zorunda kalır. Kapatamazsa bunu yapamaz zaten.

Bu kapanma hali duyarsızlıktır.

Çocuğa minnet duygusu hissettirmek de başka bir duyarsızlık halidir.

Minnet duygusu çocuğu ezer, mahcup eder. Ebeveyn, çocuğun o anda yaşadığı zorlanmayı hissedemiyorsa kendi duyarlılığında kaybettiği taraflar var demektir.

Çocuğu bir davranışa yöneltmek için bu iki duyguyu kullanan ebeveynlerin en büyük bahanesi, "bunu onun iyiliği için yapıyorum"dur.

Halbuki ebeveynin asli sorumluluğu çocuğun davranışlarını düzenlemek değil, duygularını zarara uğratmamaktır.

İstenilen davranış kazandırılmaya çalışılırken zarar verilen duyguların yol açacağı kayıp, elde edilen kazançtan çok daha büyük olacaktır.

64

“ÇOCUK, EBEVEYNİNDEN ALDIĞI KOŞULSUZ SEVGİ KADAR SEVMEYİ ÖĞRENEBİLİR”

Anne babalar içsel bir yönelişle çocuklarını sınırsızca severler. Bu fıtri bir sevgidir.

Çocuğun içindeyse böyle bir doğal yöneliş yoktur.

Çocuğun sevilme ihtiyacı fıtridir ama o, sevmeyi sonradan öğrenir.

Anne babanın çocuğa verdiği sevgiyle çocuğun içinde bir sevgi kabı oluşur. Bu, çocuğun sevebilme yeteneğidir.

Sevilme ihtiyacı doğuşta var olsa da, sevebilmek, sonradan gelişen bir yetenektir.

Çocuk sevgi almaya başladıkça içinde bir filiz oluşur; sevebilme gücü. Sevgi alabilen, sevebilme gücüne erişir. Herkes kendi çocukluğundaki sevilmişliği kadar sevgi taşıyabilir içinde.

Sevilmek mutlak biçimde tüm insanların ihtiyacıdır.

Sevgiye ihtiyacı yok gibi görünen kişi çocukluğunda yeterince sevilmediği için bunu ifade etme yollarını tıkayan, sevgisini nasıl ileteceğini bilemeyen kişidir.

Koşulsuzca sevilmek bunun en iyi ilacıdır.

65

"BABA YOKSUNLUĞUYLA BÜYÜYEN ÇOCUKLAR AİLE VE EŞ SORUMLULUĞU ALMAKTA ZORLANIRLAR"

Baba, çocuk için bir davranışın zor da olsa sürekli ve kararlı biçimde uygulanmasını sağlayan rol sahibidir.

Bir evliliği sürdürebilmek için bu özellik vazgeçilmez önemdedir.

Evlilikte duygusal kararlılık ve evlilik yapısını sürdürebilmek için gerekli fiziksel, maddesel, toplumsal zorluklar karşısında dayanıklılık, çocukluk yıllarında kazanılan iradeyle doğrudan ilişkilidir.

Babası veya baba rolünü üstlenen biri vasıtasıyla irade kullanımını öğrenmemiş bir kişi, evlilikteki duygusal sürekliliği sağlamakta zorluk çekebilir.

Benliği zorluklar karşısında kırılganlaşır.

Çabuk pes edebilir, küçük sorunlar olduğunda bile, "o zaman ayrılalım" diyebilir.

Sorumluluk almak bir istikrar gerektirdiği için aldığı sorumlulukları taşıma gücünde zaaflar oluşabilir.

Aslında her evlilik çocukluk yıllarında kazanılan yeteneklerin sergilendiği bir alandır.

Güçlü bir baba figürüne sahip olan çocuklar ileride kuracakları ilişkilerde yaşanabilecek sorunlar karşısında daha sağlam durabilirler.

66

“ANNE YOKSUNLUĞU VEYA İHMALİ ÇOCUKTA DUYARSIZLIĞA YOL AÇAR”

Çocuğun duygusal yapılanmasında annenin rolü duyuların işlevsel olarak kalmasını, duyarlılığın yitirilmemesini, gelişmesini sağlamaktır.

Çocuk, duygularında derinleşmeyi annesinden, annesiyle kurduğu ilişkiden edinir.

Anneyle çocuğu arasındaki duygusal ilişkinin yeterliliği ve sürekliliği çocuğun duyarlılığının korunması için son derece gereklidir.

Bu ilişkiden yoksun kalan çocuklar duygularını ifade ettiklerinde zarara uğramamak için duygu dünyalarının kapalı tutarlar, ikili ilişkilerde kendilerini güven içinde eşlerine bırakmakta zorlanırlar.

Annenin otorite simgesi haline gelmesi, mükemmeliyetçi ve davranış oluşturucu bir kişilik benimsemesi çocuğunun sadece erken yaşlarını değil ileride kuracağı ilişkileri de olumsuz etkileyecek sonuçlar doğurur.

Annelik her şeyden önce çocuğun duygusal gelişimini destekleyecek sıcaklığı ona her koşulda sunmayı gerektirir.

67

“ANNE BABANIN ÇOCUĞUNA BIRAKACAĞI EN BÜYÜK MİRAS PROBLEM ÇÖZME YETENEĞİDİR”

Ebeveynlik, çocuğu hiçbir problemle karşı karşıya bırakmamak ya da karşılaşılan tüm problemleri çocuk adına çözmek değildir.

Hiç problemi olmayan çocuk da başarılı bir çocuk değildir.

Hiçbir problemi olmayan çocuk ya hayatı "yaşamıyor gibi" yaşıyordur ya da problemlerle yüzleşmekten kaçınıyordur.

Problemden kaçan değil, onu görüp, kabullenip çözüm yolları üreten çocuk başarılı çocuktur.

Bir ebeveynin çocuğuna bırakacağı en önemli miras, problem anlarında sakin ve sükûnetli kalarak alternatif çözüm yolları düşünebilme yeteneğini edindirmektir.

Problem çözme becerisi hayatın içinde kazanılır.

Bunun için çocuğun deneyip yanılarak kendisi için en uygun çözümü bulmasına olanak sağlanması gerekir.

Her problemin bir çözümü vardır hissini kazanan, sorunlara soğukkanlı bir biçimde yaklaşarak çözüm üreten bir çocuk, anne babanın, gözü arkada kalmadan, günlük hayata dahil olmasını keyifle seyredeceği çocuktur.

68

"ÇOCUĞUNA
SÖZ GEÇİREMEYEN
EBEVEYN, GENELLİKLE
İTİBAR KAYBETMİŞ
EBEVEYNDİR"

Bir ebeveynin kazanabileceği en üstün özellik, çocuğunun ona değer vermesidir.

Çocuk değer verdiği kişiden etkilenir.

Değerlilik hissinin en önemli kriteri ise itibardır.

İtibar aşağıdan yukarıya doğru kazanılır, ebeveyne itibarını veren çocuktur.

Çocuğun bir kişiye itibar etmesi için o kişide şu niteliklerin bulunması gerekir: Güven, emniyet ve doğallık...

Çocuğa kendini güvende hissettirmeyen, çok bilen, bildiğini gösteren, onu yöneten kişi çocuğun gözünde itibar kaybeder. Çocuk, suni tavırlar içine giren kişiye değer vermez.

Çocuk başlangıçta ebeveynini değerli bir kişi olarak algılar. Ebeveyn güvenilirliğiyle, dürüstlüğüyle, doğallığıyla, bencillikten uzaklığıyla bu değerlilik hissini sürdürür.

Aksine davranışlar sergilerse çocuğun gözündeki itibarını kaybeder.

Ebeveynler çocuklarının gözünde itibar kaybettikçe tesir güçlerini de yitirirler. Çocuğa söz geçiremeyen ebeveyn, itibar kaybetmiş ebeveyndir.

69

"AĞAÇTA BİR ANORMALLİK VARSA KÖKLERİNE BAKMAK GEREKİR"

Çocuk bir ağaçsa, davranışları da ağacın meyveleri ve yapraklarıdır.

Ağacın kökü ise çocuğun duygusal gelişimi ve o gelişime doğrudan etki eden anne babadır.

Bir ağaç meyve vermezse ya da verdiği meyve beklenen kalitede değilse yapraklara ya da dallara değil, doğrudan ağacın köküne, onu besleyen damarlara bakılır.

Çocuğun duygusal gelişimi bu ağacı besleyen kök ve damarları oluşturuyorsa, yapraklardaki problem dikkati duygusal gelişimde ters giden şeyin ne olduğuna çekmelidir.

Çocuk anne babasından ihtiyaç duyduğu besinleri alamazsa duygusal yetersizlik içinde kalacak, bu da davranışlarına yansıyacaktır.

Ağaçlara baktığımızda çok güçlü dallar, sağlıklı yapraklar, olgun meyveler gördüğümüzde bunların kendinden olduğunu düşünmeyiz.

Çocuk denilen ağacın verdiği meyvenin kalitesi de, açtığı yaprakların gücü de kendinden değildir.

Sorun varsa onu besleyen köke yeniden bakmak gerekir.

70

"ÖVÜNGEN ANNE BABALARIN ÇOCUKLARINDA EBEVEYN BAĞIMLILIĞI VE KAYGI GÖRÜLÜR"

Övüngenlik duygusal bir bozukluktur ve kökeninde yetersizlik hissi vardır.

Ebeveynin övüngen tavrı çocuğun ölçme birimini gerçek dışı bir biçimde bozar.

Çocuk kendi gelişim döneminin yeteneklerine sahip olsa bile kendini eksik hisseder.

Bir ebeveyn kendini överek değil doğal davranarak çocuğunun duygusal gelişimine destek olabilir.

Kendi yetersizliğini kapattıkça değil yetersizliğini çocuğuyla paylaştıkça çocuğun gelişmesi için alan açmış olur.

71

“SÜREKLİ
ÖVÜNEN BİR
EBEVEYN
ÇOCUĞUNA
ULAŞMAKTA
ZORLUK ÇEKER”

Övüngen bir insan kendine o kadar odaklanmıştır ki empati duygusundan yoksundur.

Kendisini eksiksiz, kusursuz bir insan olarak anlatırken çocuğuna kendini nasıl eksik ve yetersiz hissettirdiğini fark edemez.

O kadar kendi içine dönmüştür, o kadar kendi duygusal ihtiyacıyla hemhal olmuştur ki bunun çocuğunun ruhunu nasıl yaraladığını göremez.

Halbuki kendini dürüst bir biçimde ve açık yüreklilikle ifade eden ebeveyn, çocuğuna kaygısız ve olduğu haliyle var olabilmesi için imkân tanımış olur.

Ebeveynin kendi eksiklerini samimiyetle kabullenebilmesi çocuğun ona duyduğu güveni de artırır. Çünkü çocuk annesi ya da babasının bir şeyi bilmediğinde bunu açıkça söyleyeceğinden emindir. Dolayısıyla ebeveyninin bildiğini söylediği şeyle ilgili hiçbir kuşku hissetmez.

72

"NARSİST EBEVEYNLERİN ÇOCUKLARI DUYARSIZ OLACAKTIR"

Narsisizm tam bir duyarsızlık halidir.

Kendine odaklılığın, benmerkezciliğin uç noktasıdır.

Narsistik, dolayısıyla duyarsız bir ebeveyn, çocuğunun duygusal ihtiyaçlarını karşılayamaz.

Ebeveyn çocuğunu duymaktan o kadar uzak ve bu duymama halinde bir sorun olmadığından o kadar emindir ki çocuğun duygusal ihtiyaçları sürekli olarak cevapsız kalır.

Sürekli olarak reddedilen veya yok sayılan çocuk duygularını bastırmaya başlar.

Bastırılan duygular zaman içinde çocuğun da kendini ve başkalarını duyamamasına yol açar.

Bu, duyarsızlığın ilk adımıdır. Çocuk artık duygularını kullanamamaktan kaynaklanan bir yeteneksizliğe doğru gidiyordur.

Narsistik ebeveynler, çocuklarına aynı yoldan gidip duyarsızlaşmaktan başka seçenek bırakmazlar.

73

"İHTİYACI OLMADIĞI HALDE ÇOCUĞA DESTEK VERMEK ONU ENGELLEMEKTİR"

Ebeveyn çocuğun sadece davranışlarını değil, merak hissini, heveslerini, isteklerini, heyecanlarını da engelleyebilir.

Hevesle bir oyuncağa koşarken çocuğu durdurmak bir engelleme biçimidir.

Engellemenin başka bir biçimi de çocuğun gelişimi için gerekli arzularının, heveslerinin oluşacağı zemini yok etmektir.

Çocuğun yeni şeyler keşfetmek ve öğrenmek için merak duygusuna, yapabilme hevesine ihtiyacı vardır.

Örneğin bir yapbozun nasıl yapılacağını anlayabilmek için çocuğun onunla biraz zaman geçirmesi gerekir. Ebeveyn bu esnada çocuğa müdahale eder, oyunu onun yerine tamamlarsa farkında olmadan çocuğun gelişimini sekteye uğratır.

Çocuğa henüz onun için bir ihtiyaca dönüşmemiş şeyi sunmak merak edebilmesini, heveslenmesini olanaksız hale getirir.

Bir ebeveyn çocuğa sadece ihtiyaç duyduğu anda ve ihtiyacı nispetinde yardımda bulunursa ona rehberlik etmiş olur.

Aksi halde, çocuğa yardım ediyor görünürken onun duygusal gelişimini köstekliyordur.

74

"SADECE İNSANA DEĞİL EŞYAYA VE HAYVANA DA SAYGILI DAVRANAN EBEVEYNİN ÇOCUĞU VEFALI OLUR"

Vefa, sadece insan ilişkilerinde geçerli bir kavram değildir.

Vefa bir duygudur ve insanın yöneldiği her şeyle ilişki için geçerlidir.

İnsanın insanla, hayvanlarla, bitkilerle, eşyayla, evrenle ilişkisinde hissetmesi gereken bir duygudur.

Vefa duygusu saygıdan beslenir.

Canlı ve cansız her varlığa gösterilmesi gereken saygı ve verilmesi gereken değerlilik duygusundan...

Uzunca süre kullanılan bir eşya eskidiğinde artık işe yaramadığı için ona acımasızca davranılıyorsa böyle bir ailede yetişen çocuk vefa duygusunu geliştirmekte zorluk yaşar.

Hayat algısı bir bütündür.

İnsanı oluşturan şey davranışlardan ibaret değildir. Sadece insan ilişkilerinde veya davranış boyutunda vefalı davranmak gerçek bir vefa duygusuna işaret etmez.

Çocukta vefa duygusunun oluşması için evin içinde herkesle ve her şeyle kurulan ilişkide ve duygusal boyutta gerçek bir vefa duygusu olmalıdır.

75

"ÇOCUĞA SUNULAN İMKÂNLAR EBEVEYNİN VARLIĞI KADAR DEĞİL ÇOCUĞUN İHTİYAÇLARI KADAR OLMALIDIR"

Çocuğa sunulan imkânların sınırını ebeveynin maddi gücü belirlememeli.

Anne baba çocuğuyla yeterince ilgilenemediği düşüncesiyle veya suçluluk duygusuyla çocuğu gücü ölçüsünde maddi imkâna boğabilir.

Çeşit çeşit oyuncağın, giysinin, eşyanın sunulduğu çocukta iki duygunun oluşması kuvvetle muhtemeldir.

Birincisi, ebeveyninin sundukları karşısında kendini güçsüz hisseden çocuğun minnet duygusu ve zaman içinde ebeveyne bağımlılık geliştirmesidir.

İkincisi ise eşyaya karşı duyarsızlıktır.

Eşyaya kıymet veren... onunla gerçek bir ilişki kuran.... çabuk sıkılmayan... ve merak duygusunu geliştirecek kadar zamanı tek bir objeyle geçirebilen çocuklar yetiştirmek isteyen ebeveynler çocuklarına sundukları imkânlara bir kere daha bakmalılar.

76

"ÇOCUK
OYUNCAKLA
DEĞİL
EBEVEYNİYLE
OYNADIKÇA
MUTLU OLUR"

Çocuğuna gerçekten temas edebilen, onu duyabilen bir ebeveyn, çoğu zaman oyuncağa ihtiyaç duymadan da sürdürebilir ilişkisini.

Böyle bir ilişki için ebeveynin belli bir farkındalık düzeyine ulaşmış olması gerekir.

Ebeveyn kendini yetersiz hissettikçe oyuncakların albenisine sığınır.

Çocukla oyun ve oyuncak aracılığıyla iletişime geçebilir.

Duygusal genişlik içinde çocuğuna temas edebilen, onunla gerçek bir ilişki kurabilen ebeveynin başka bir aracıya ihtiyacı yoktur.

Oyuncak onların ilişkisini renklendirir ama ilişkinin kurucu unsuru oyuncak değil ebeveyn ve çocuk arasındaki esaslı etkileşimdir.

Kendini ve çocuğunu duyabilen ebeveynler bu ilişkiyi kurabilirler.

Çocuk oyuncakla değil ebeveyniyle oynadıkça mutlu olur.

77

"ANNE BABASININ YAŞAM ÖYKÜSÜNÜ BİLMEYEN ÇOCUĞU ÖYKÜ KİTAPLARIYLA OYALAMAK YERSİZDİR"

Bir çocuk için anne babasının çocukluk hatıralarını dinlemek çok özeldir.

Çocuğun birincil ihtiyacı anne babasını tanımasıdır. Önce kendi ebeveyninin hikâyesini duymak ister.

Her şeyden önce, onların da bir zamanlar kendisi gibi çocuk olduğunu bilmek çocuğa iyi gelir.

Kendisine göre çok güçlü, çok yetenekli, çok bilgili olan ebeveyni karşısındaki eşitsizlik durumunu telafi edici etkisi vardır bu hikâyelerin.

Böylece çocukla ebeveyn arasında sahici bir bağ oluşur.

İyi ebeveyn olmanın koşulu olarak ortaya konan davranışlardan biri çocuklara hikâyeler okumak, masallar anlatmaktır.

Bu, gerçekten çocuk için bir ihtiyaçtır.

Ama çocuğun birincil derecede ihtiyaç duyduğu ebeveyniyle bağlanmasını sağlayacak hatıra paylaşımını bırakıp çocuğa başka hikâyeler anlatmak öncelik sırasını değiştirmek anlamına gelir.

Ebeveynler kendi yaşam öykülerini çocuklarıyla paylaşmadan başka yaşam öykülerine yönelmemeliler.

78

“EN ZAYIF EBEVEYN, ÇOCUĞUN AĞLAMASINA DAHİ İZİN VERMEYENDİR”

Ağlamak çocuk için çok temel bir duygu ifade etme biçimidir.

Çocukluğunda doyasıya ağlamasına müsaade edilmeyen çocuklar, yetişkinlikte duygularında derinleşmekte sorun yaşarlar.

Çocuğunun ağlamasına tahammül edemeyen ebeveyn, duyarsızlık hali içindedir.

Duyarsızlar duygulardan, duygusal dürtülerden ve duygusal anlardan rahatsız olurlar.

Duyarsızlık aslında insanın duygusal alandaki zayıflığı karşısında çaresiz kalıp duygularını örtme çabasıdır.

Kendi duygularıyla başa çıkamayan ebeveyn, çocuğunun duygularıyla karşılaştığı anlarda gerilir. Karşı karşıya kaldığı durumla başa çıkamadığı için açığa çıkan duyguları örtmeye çalışır.

Duygusal gelişimde zayıf kalmış kişiler duyarsızlaşarak güçlenmeye çalışırlar.

Duyarsızlıkla kendisini güçlendirmeye çalışan kişi duygusal anlardan rahatsız olduğu için bu yola başvuruyordur. Duygusal anlardan rahatsız olan kişi aslında zayıf kişidir.

Ağlamak duygusal bir andır. O andan rahatsız olmak duygusal olarak zayıf olmanın bir sonucudur.

79

“EN GÜÇLÜ
EBEVEYN,
ÇOCUĞUNUN
DUYGULARINA EŞLİK
EDEBİLENDİR”

Çocukluk çağı duygusal gelişimin gerçekleştiği dönemdir.

Çocuk bu dönemde pek çok duyguyu yaşayarak edinecektir.

Çocuğun içi kıpır kıpırdır, birbirinden farklı duygular arasında gelir gider.

Geniş bir alanda yeni duygular tecrübe eder.

Yetişkin kişi ise daha durmuş, oturmuş bir duygusal alana sahiptir.

İçi geniş olan ebeveyn, duygusal olarak güçlü bir ebeveyndir.

Duygusal olarak güçlü kişiler çocuklarının duygularına eşlik edebilirler.

Bu, çocuk için önemli bir şanstır. Kendi içerisinde genişliği yakalayabilmiş bir yetişkin, çocuğun uç noktalardaki duygularına eşlik ederken ona bir yandan da bu duyguları nasıl işleyebileceğine dair bir model sunmuş olur.

Ebeveyninin hissettiği öfkeyi, coşkuyu, heyecanı hayata nasıl aktardığına şahit olmak, çocuğa bu duyguları ifade etme yolları konusunda eşsiz bir tecrübe kazandırır.

Çocuğun çocuksu duygularına, coşkularına eşlik edebilen bir ebeveyn duygusal geniş bir ebeveyndir. Duygusal genişlik, duygusal güçlülüğün göstergesidir.

80

“ÇOCUĞA DEĞERLİLİĞİNİ HİSSETTİRMEK ONUN YARATILIŞTAN HAKKIDIR”

Ebeveynlikte aslolan çocuğa kendini değerli hissettirecek ebeveynlik tarzını benimsemektir.

Bu bir lütuf değil, çocuğun yaratılıştan hakkıdır.

Her insanın insan olmaktan kaynaklanan hakkıdır değerlilik duygusu.

Çocuğun yapıp ettikleriyle değer kazanması gerekmez. O zaten bu hakka yaratılıştan sahiptir.

Cezalandırmak, küçük düşürmek, çocuğu bir davranışa zorlamak, istemediği bir şeyi zorla yaptırmaya çalışmak, çocuğun kendini değersiz hissetmesine sebep olur.

81

"EBEVEYNLİK
ÇOCUKLA BAŞ
EDEBİLME BECERİSİ
KAZANMAK
DEĞİL ÇOCUĞA
KENDİSİYLE BAŞ
EDEBİLME BECERİSİ
KAZANDIRMAKTIR"

Birçok kaygılı ebeveyn çocukla baş edebilmenin yolunu arar.

Oysa bu, ebeveynin üzerine düşen bir sorumluluk değildir.

Ebeveynin yapması gereken, çocuğa kendisiyle başa çıkabilme becerisi kazanma sürecinde rehberlik edebilmektir.

Çocuk ebeveyni istemediği için yalan söylemeyi terk etmiş olabilir ama bu gerçek bir terk ediş değildir. Gerçeklik kazanması için ancak çocuğun bu gerekliliği içsel olarak benimsemesi gerekir.

Bütün davranışların kökeninde duygular varsa çocuğun asıl olarak kontrol etmeyi öğreneceği şey duyguları ve bunların dışavurum yollarıdır.

Öfkesiyle, sevinciyle, coşkusuyla, hazlarıyla kendi kendine baş edebilmeyi öğrenen çocuk kendisi olabilmeyi öğrenen çocuktur.

82

"EBEVEYNİN GÖREVİ ÇOCUĞUNUN KALBİNİ İSTİRAHAT ETTİRMEKTİR"

Kalbin istirahat etmesi sekine halidir.

Sekine, insanın duygularının sükûn bulduğu haldir.

Kalbi istirahate ermemiş kişi dinmek bilmeyen bir ihtiyaç koşuşturmacasına girer.

Zihin faaliyet halindeyken dinlenir.

Kalp ise uç noktalardaki dürtülerle baş edebilme halinde sükûna erer.

Dürtüleriyle baş edebilme yeteneğini kazanan çocuğun kalbi istirahat yani sekine halinde yaşama becerisini elde etmiştir.

Dürtülerle baş edebilmek onları bastırmak değildir.

Kişinin kalbine gelen dürtüleri fark etmesi ve bunları işleyebilme yeteneği kazanmasıdır.

Kişi, dış baskılarla değil, içsel yönelişiyle dürtülerinden arındıkça huzuru duyumsar.

Ebeveynin kendi dürtüleriyle baş edebilme biçimi, çocuğun aynı yeteneği kazanması için son derece öğreticidir.

Ebeveyn çocuğunun dürtülerini kontrol etmeye çalışmak yerine, kendi sekine halini yaşadıkça çocuğun kalbi istirahati konusunda rehberlik etmiş olacaktır.

83

“DUYGULARI DENETLENEN ÇOCUKLAR KİŞİLİK KAYBI YAŞAR”

Kaygı, kişinin öngörülmeyen olumsuz bir şeyin gerçekleşeceği konusunda taşıdığı endişedir.

Kaygılı ebeveynler çocuklarının davranışlarını hep endişeyle değerlendirirler.

Çocuk koşsa düşeceği, zıplasa ayağının incineceği, ödevini yapmasa sınıfta kalacağı, bir arkadaşıyla kavga etse arkadaşsız kalacağı, biraz zayıf olsa herkesten dayak yiyeceği konusunda endişeler geliştirirler.

Kaygı insanı otomatik olarak tedbir almaya yöneltir.

Ebeveyn çocukta karşılığı olmayan, sadece kendisinin var ettiği kaygılarla tedbir almaya girişirse çocuğun gelişimini durdurur.

Kaygılı ebeveynler, çocuklarının duygularını denetlemeyi marifet zannederler.

Halbuki denetlenen duyguların ya gelişimi aksar ya da yönü değişir. Çocuk ya duygusunu bastırır ya da kendini suçlu hissederek sürekli şeffaf bir halde tutmaya çalışır.

Oysa insanın kişilik gelişimi için kişisel alana ihtiyacı vardır.

Ebeveyn kendi kaygılarının gerçekliğini test edebilmek için çocuğun duygularına yön vermeye ya da onu şeffaflaştırmaya çalışırsa çocuğun kişisel alanına girerek gelişimini sekteye uğratmış olur.

84

“ÇOCUĞU AŞAĞILAMANIN EN ETKİN YOLU ONA YOKMUŞ GİBİ DAVRANMAKTIR”

İnsana verilebilecek en büyük ceza onu yok saymaktır. Çünkü insanın içindeki en güçlü duygu var olma duygusudur. Varlığının kabul edilmediği hissini yaşayan kişi büyük bir incinme yaşar.

Yok sayılmaksa ondan da büyük bir incinmedir insan için.

Küsmek çocuğa verilebilecek en trajik cezadır. Bu, varlığın bilinçli olarak yok sayılması durumudur.

Bir de farkında olmadan gerçekleşen yok saymalar vardır ki bu da çocuk için çok zedeleyicidir.

Varlığının fark edilmediğini hisseden çocuk derin bir değersizlik duygusu yaşar.

Ve çocuklar genelde yetişkinlerin yanında yok gibidirler.

85

"ÇOCUKTA
YAŞAMA SEVİNCİNİ
YOK EDEN
EN BASKIN HİS,
DEĞERSİZLİK
HİSSİDİR"

Çocuk sürekli bir enerji halindedir.

Duygusal, fiziksel ve zihinsel gelişimini sürdüren de bu enerjidir.

Kendisine olumsuz duygularla yaklaşılan çocuğun her zamanki enerjik hali sönüyorsa gelişim süreci bundan etkileniyor demektir.

Çocuğun enerjisini yok eden tavırlar, gelişimin durdurulması anlamına gelir.

Duygusal enerjiyi ne söndürür?

Değersizlik, yetersizlik ve suçluluk hisleri.

Değersizlik hissiyle başa çıkmaya çalışan çocuk değer kazanma çabasıyla yılışıklık eder.

Yetersizlik hissinden kurtulmak için hırsa kapılır. Kendini ispat etmeye çalışır.

Suçluluk hissi taşıyan çocuk da kendisinde bir kusur olmadığını ispat etmek için didinir durur.

Zaman içinde değersizliği de yetersizliği de suçluluğu da kabul edip kendine güvenmeyen, aşağılık duygusu hisseden, bağımlı bir kişiliğe dönüşür.

86

"ÇOCUĞU
AŞAĞILAMANIN
EN ACITICI YOLU
ONU KALABALIKTA
CEZALANDIRMAKTIR"

Çocuğa verilecek her türlü eğitimin başkalarının yanında değil, korunaklı alanlarda gerçekleşmesi gerekir.

Kalabalık içinde hatası ortaya çıkarılan çocuk, eğitilen değil, incitilen ve duygusal zorluğa düşürülen çocuktur.

Çocuğun hatasını kalabalıklar içinde düzeltmeye çalışmakta bencilce bir yan da olabilir.

Ebeveyn kendini çocuğunun hatasından ayırmaya çalışarak, "bu hata bana ait değil, bunun yanlış olduğunun farkındayım" demek istiyor olabilir.

Oysa elbette ki çocuğun yaptığı hata kimseye ait değildir. O daha bir çocuktur. Hata yapması normal olduğu gibi ebeveynin bunu kendi açısından bir itibar kaybı olarak algılamasını gerektirecek bir sebep de yoktur.

Olması gereken, "bu durumu hangi yöntemleri kullanarak telafi edebiliriz" diye düşünüp çocukla problemi eylem dilini kullanarak konuşmaktır.

87

"ÇOCUK
ANNESİNE
GÜVEN DUYABİLDİĞİ
KADAR
HAYATA GÜVEN
DUYAR"

Erken çocukluk döneminin en büyük ihtiyacı güven duygusudur.

Çocuğun güven duygusunu ilk tattığı, güvenle bağlandığı ve bu güven hissiyle genişlemeyi öğrendiği kişi annesidir.

Çocuk, anneyle genişlemeyi öğrenemediyse duygusal olarak dar bir alana hapsolur.

Duygusal daraltılmışlık içinde hayata karşı da güvensizleşir.

Çocuğun ihtiyaçları koşulsuzca karşılanırsa güven duygusu genişler. İhtiyaçlar koşul öne sürülerek karşılandıkça daralmaya başlar.

Bu sadece çocuğun anneyle bağını zedeleyen bir durum değildir.

Bir çocuk annesine bağlanabildiği kadar bağlıdır hayata.

88

"ÇOCUKLUĞUNU ANNESİNİN KUCAĞINDA, BABASININ OMUZLARINDA GEÇİREN ÇOCUK GÜVEN DUYGUSU İÇİNDEKİ ÇOCUKTUR"

Çocuk şefkat hissini en çok kucakta, annesinin kucağında hisseder.

Kucakta, göğüs bölgesinde, kalbe yakın yerlerde daha yoğun bir biçimde hissedilen bir duygudur şefkat.

Kucak aslında insana duygusal yakınlaşma işareti verir. Aynı zamanda vericiliği temsil eder.

Omuzlar ise daha çok güce vurgu yapan beden bölgesidir.

Çocuk babasının omuzları üzerinde güvenle zaman geçirirken ondan güç alır.

Annenin kucağında edindiği duyarlılığı, babanın omuzlarından alacağı güçle zenginleştirir.

Bu duyguları yaşamadan yetişkin olan insanda eksik bir şeyler kalır.

Annenin kucağında şefkatle, babanın omuzlarında güçle "ben yanındayım, problem yok" hissi yaşatılan çocuk duygusal olarak derinleşir ve güçlenir.

89

"ÇOCUK ANCAK KENDİNİ GÜVENDE HİSSETTİĞİ KİŞİNİN YANINDA YANLIŞLARINI DÜZELTMEYE CESARET EDER"

Çocuk her şeyi bilen değildir.

Her şeyi en iyi yapan da değildir.

Azdan çoğa doğru giden bir bilgi repertuarına erişme çabasındadır çocuk.

Öğrenebilmek için hata yapmaktan başka çaresi yoktur.

Tekrar tekrar yaparak hatalarını azaltır ve böylece gelişim süreci tamamlanır.

Çocuğu yaptığı hatayla yüzleştirmek onun kendini değersiz, yetersiz ve suçlu hissetmesine yol açar.

Çocuğun hata yapmasından daha doğal bir şey yoktur.

Ebeveynlik çocuğun hatalarını yüzüne vurmak değildir.

Hata yapan çocuğunun nerelerde eksik olduğunu gözlemleyerek o hatanın giderilmesi için fark ettirmeden destek vermektir.

90

“HIZLI VE KELİMELERİ YUTARAK KONUŞMA, ÖZENLE DİNLENİLMEMİŞ ÇOCUKLARIN DAVRANIŞIDIR”

Konuşma, çocuğun duygusal gelişiminin ne durumda olduğunu gözleme alanıdır aslında.

Az bir zaman dilimi içinde kendini ifade etmeye mecbur bırakılan çocuklar, hızlı konuşmayı, sesleri ve kelimeleri yutmayı, az cümleyle kendilerini ifade etmeyi öğrenmiş çocuklardır.

Böylesi çocuklar kendilerini değerli hissettikleri zamanlarda bile alıştıkları bu konuşma tarzını devam ettirirler.

Yetişkin olduklarında da aynı kaygı yansır konuşmalarına.

Karşıdaki kişi değerli, kendisi ve söyleyecekleri önemsizdir. Bir an önce söyleyip karşıdaki kişiyi kendisinin sebep olduğu "sıkıntıdan kurtarmak" isterler.

91

"KAYGISIZ
MUTLULUK
SADECE
ÇOCUKLUK
DÖNEMİNİN
ÜRÜNÜDÜR"

İnsan yaşamı kaygılarla doludur...

Sorumluluk sahibi olan için, kaygı kaçınılmazdır...

Eğitim kaygısı...

İş kaygısı...

Eş ve çocuklar kaygısı...

Çocukluk dönemi masumdur... Çocukluk döneminde sorumluluk değil, yaşama sevinci vardır... İnsan, sorumluluktan uzak olduğu kadar kaygıdan da uzaktır...

Ve kaygıdan uzak mutluluk dönemi, sadece çocukluğa hastır...

Çocuğun kaygısız mutluluk yaşama izni ise ebeveynin çocuk yetiştirmedeki farkındalığına bağlıdır.

92

“ÇOCUK EĞİTİMİNİN ANA AMACI ÇOCUĞA UYUM BECERİSİ KAZANDIRMAKTIR”

Duygusal gelişimi sağlıklı ilerleyen bireylerin sonuç davranışı uyumdur.

Uyum olgun bir insanın yaşama becerisidir.

Bu, eziklik içerisinde kendini ifade edememek, her söyleneni yerine getirmek değildir.

İnsanın kendini var olduğu haliyle ortaya koyabilmesidir uyum.

Uyumun izlenebileceği üç alan, insanın kendisiyle, çevresiyle ve yaşamla uyum göstereceği alanlardır.

İnsanın kendisiyle barışık olması, ben algısını olumlu tutması, kendini insan olarak değerli bulması kendiyle uyumun bir parçasıdır.

Çevreyle uyum alanında insan ilişkileri önemlidir. İnsan ilişkilerinde alternatif çözüm yolları geliştirebilen, duygusal temas noktalarını bilen, insanlarla değerlilik ilişkisi kurabilen kişiler çevreleriyle uyumludur.

Kendisiyle ve çevresiyle uyum içinde olsa da evrenle bütünlük kuramamış kişilerin yaşamla tam bir uyuma ulaşabildiklerini söyleyemeyiz.

Ağaçlarla, kuşlarla, suyla, toprakla, havayla teması sağlam olan, kendisini bu evrenin bir parçası olarak hisseden kişiler uyumun üçüncü aşamasına gelmişlerdir.

Duygusal gelişimi sekteye uğratılmış çocuklar hayatlarında uyumla ilgili sorunlar yaşamaya yakın dururlar.

93

"ÇOCUĞUN KİŞİLİĞİNİN ZARARA UĞRAMASI ŞİDDETTEN DOLAYI DEĞİL, ŞİDDET UYGULAYAN KİŞİYLE YAŞAMINA DEVAM ETMEK ZORUNDA KALMASINDANDIR"

Çocuk, anne babasına muhtaçtır. Onlarla birlikte yaşamaya mecburdur.

Bu ilişkinin en zor kısmı, kendisini şiddete maruz bırakan, değersiz hissettiren kişiyle yeniden temasa geçme zorunluluğudur.

Ona değersizlik yaşatan kişiye, yani ebeveynine yeniden yaklaşmak için kendi duygularını yok saymak zorunda kalması çocuk için çok yaralayıcıdır.

Kendisini kırana yeniden gitmek zorunda kalmak... Bu, belki de kişiye yaşatılacak en büyük acılardan biridir.

Çocuk için aşağılanmadan daha kötü olan, kendisini aşağılayan anne babaya hâlâ muhtaç olmasıdır.

Ebeveyn hiç olmazsa barışma anını kendisi oluşturmalıdır. Çocuğa yönelik bir adım atmalıdır.

Çocuğun aşağılanmış haliyle bir de ebeveyne gelmesini beklemek, ona ikinci bir yıkıntı yaşatmak demektir.

Ebeveyn "Annecim/babacım, özür dilerim, kalbini kırdım" diyebilirse hiç olmazsa çocuğunu ikinci kez aşağılanmaktan kurtarmış olur.

94

"ÇOCUĞUN
DOĞRUYU
SÖYLEYEMEMEMESİ
ÜZERİNDEKİ BASKININ
VARLIĞINI
İSPAT EDER"

Çocuğun duygusal alanda kendini güvende hissedebilmesi için üzerinde baskı olmaması gerekir. Baskıya veya zorlamaya maruz kalan ya da incitileceği korkusu yaşayan çocuk kendini emniyette hissetmez.

Emniyette hissetmeyen kişi doğruyu söyleyecek cesareti bulamaz kendinde.

Çocuk tam bir turnusol kâğıdıdır. Ebeveyn kendisini çok iyi bir insan, çok iyi bir anne ya da baba olarak görebilir. Ancak çocuğun tavırları onun ebeveynlik tutumunu ortaya koyan göstergedir.

Bir çocuk yalan söylüyor ya da gerçeği ifade etmekten çekiniyorsa öncelikli olarak incelenmesi gereken çocuğun değil ebeveynin tutumudur. Çocuk, üzerinde hissettiği baskıyla yalan söylüyor olabilir.

Gerçekleri söyleme cesareti bulamayan çocuğun anne babası, çocuğu doğru söylemeye zorlamak yerine, onun kendini güvende hissetmesinin koşullarını oluşturmalıdır.

95

"SEN DİLİ
ÇOCUKTA
SUÇLULUK
DUYGUSU
OLUŞTURUR"

Yetişkinler kendi aralarında ben dilini kullanarak konuşurlar. Ben dili insanın duygularını, isteklerini, düşüncelerini ifade etmesine yarar. Sosyal yaşam için bir gerekliliktir.

Çocuklarıyla konuşurken ise birden sen diline geçerler: "Senden bunu beklemezdim..."

"Bu davranış doğru değil" demek yeterliyken sen dilini kullanmak o davranışı çocuğun kişiliğiyle özdeşleştirmek anlamına gelir.

"Bunu yanlış yaptın, eksik yaptın, senden bunu beklemezdim" demek çocuğu derin bir suçluluk duygusuna iter.

Çocukla konuşurken ne sen dili uygundur ne de ben dili.

Sen dili çocukta yanlışla özdeşleşme ve suçluluk, ben dili ise yetersizlik hissi oluşturur.

Çocuklarla iletişim kurarken en doğru yol eylem dilini kullanmaktır.

Eylem dilinde ne sen vurgusu vardır, ne de ben vurgusu.

Çocuğun bir davranışın yanlış olduğunu duyması normaldir.

Haksızca olan, o davranışla özdeşleşmesine sebep olacak bir dilin kullanılmasıdır.

96

“YETİŞKİN
YETERSİZLİĞİNİN
İLK KURBANI
ÇOCUKTUR”

Ebeveyn çocuk ilişkisi derinlik isteyen bir ilişkidir. Bunun için ebeveynliğin en öncelikli şartı duygusal yeterliliktir.

Henüz duygusal yeterliliğe kavuşamamış bir ebeveyn, çocuğunun kendisinden talep ettiği duyguları karşılayamazsa kendisini yetersiz ve tükenmiş hisseder.

Yetersizlik duygusuyla baş edebilmek için de çocuğuna karşı reddedici davranışlara girer. Adeta "bu duyguları benden isteme, veremiyorum" der çocuğuna.

Kişi çocuğu olmadan önce çok iyi bir sosyal yaşama, arkadaş çevresine sahip olabilir. Çünkü arkadaşlık ilişkisinde derin bir duygusal bağa gerek yoktur. Ama çocuk derinliğe ihtiyaç hisseder.

Kişi ebeveyn olmadan önce duygusal genişlemeyi sağlayabilmiş ve kendi duygularıyla baş edebilmeyi öğrenmiş olmalıdır ki çocuğunun temel ihtiyaçlarına cevap verebilsin.

97

“BASKI VE
ZORLAMA
ALTINDAKİ KIZ
ÇOCUKLARI,
FITRAT KARMAŞASI
YAŞAR”

Çocuk ancak kendini emniyette hissederse ruhen gelişir, güçlenir...

Baskı altında bırakılan çocuklar, duygusal gelişim sürecini devam ettirmekte zorlanırlar...

Bu zorlamalar, kız çocuklarını bir hanımefendi gibi olmaya değil, kendini korumak için, "erkek gibi olmaya" iter...

Böylesi bir durum, çocukta fıtrat karmaşasına sebep olur... Kız olsa da erkek gibi yaşamak, bir fıtrat karmaşasıdır... Kendini erkek gibi hissettikçe, kız çocuklarının davranışlarından uzaklaşır... Etek giyemez örneğin, kendini erkek gibi hisseden kızlar... Takı takmaktan hoşlanmaz...

Birçok ebeveyn kızlarının "erkek gibi" olmasıyla övünür...

Erkek gibi olan çocukların kendilerini daha iyi koruyacağını, zorluklara daha iyi göğüs gereceğini düşünür...

Halbuki kişi ancak kendi fıtratını yaşadığı kadar ruhen huzurludur... Kızlar kız gibi, erkekler erkek gibi...

98

“EBEVEYNİN KENDİ ÇOCUKULUK DÖNEMİ YOKSUNLUKLARINI ÇOCUĞU İLE GİDERMEYE ÇALIŞMASI DUYGUSAL YANILGIDAN İBARETTİR”

Ebeveynler bazen kendi yoksunluklarını gidermek için farkında olmadan çocuklarına yönelirler.

Sevgiden yoksun kalmış bir ebeveyn, çocuğunu bu ihtiyacını giderecek adres olarak görebilir. Çünkü çocuğu onu her şartta severek, ona her şartta ihtiyaç duyarak ebeveynin yoksun kaldığı duyguları telafi edecektir.

Böyle bir yöneliş içindeki kişi birincil motivasyonunun çocuğun ihtiyacını karşılamak değil, kendi ihtiyacını gidermek olduğunu görmeyebilir.

Bir bakıma, kendi yaralarını sarmak için çocuğuna yönelmekte ama bunu fark etmemektedir.

Çocuğun hayatının erken evrelerinden itibaren kendi olarak değil, bir başkasının duygusal ihtiyaçlarını karşılamak üzere ilişki kurmaya alışması kişilik gelişiminden mahremiyet eğitimine varıncaya kadar pek çok alanda yara almasına sebep olur.

Ebeveynin amacı kendini tedavi etmek değil, çocuğunun duygusal gelişimini desteklemek olmalıdır.

Çocukla böyle bir birliktelik kurulduğunda ebeveyn zaten otomatik olarak tedavi olacaktır.

99

“SÜREKLİ ANNE BABA KAVGASIYLA BÜYÜYEN ÇOCUKLAR DUYGUSAL TÜKENMİŞLİĞE DÜŞER”

Evdeki çatışma ortamı çocuğun duygusal gelişimine engel olur. Bu tıpkı bir çuvalın dibinin delinip içindeki unun yavaş yavaş dökülmesi gibidir.

Ebeveynler çatıştıkça çuvalın içindeki un gibi olan duygular aşağı doğru akar.

Anne babaların bir süre sonra çuvalın bomboş hale geleceğini ve çocuğun duygusal enerjisi tükenmiş bir kişiye dönüşeceğini düşünebilmelidirler.

Peki, evdeki çatışmalar çocuğa neden tükenmişlik duygusu yaşatır?

Tükenmişlik yetersizlik hissinin bir sonucudur. Çocuk anne babasının sorunlarına çözüm üretemediği için yetersizlik hisseder. Çocuğun tükenmişliği anne babasının tartışmasından değil, o tartışmaya çözüm üretememekten kaynaklanır.

En azından çocuğun tükenmişlik hissinin farkında olmak anne baba arasındaki çatışmayı tümüyle çözmese de çocuğun hatırı için tartışılacak zeminleri azaltmaya yarar.

100

“HATALARI TEBESSÜMLE KARŞILAMAK ÇOCUĞA HATASINI DÜZELTME FIRSATI VERİR”

Bir hatanın düzeltilmesi o hatanın farkına varılmasıyla mümkündür. Çocuk, hata yaptığında yaptığı hataya değil de, ebeveynin kendisine kızacağına odaklanırsa, yaptığı hatanın nasıl olduğunu fark edemez... Bir sonraki sefere aynı hatayı tekrar yapar...

Halbuki, hata anında anne babalar çocuklarına geniş bir hoşgörü içinde bakabilirlerse, çocuk hatanın oluş sırasını kendi içinde yeniden takip edebilir... Hatanın oluş sırasını fark eden çocuk hatalardan arınmaya doğru bir farkındalık kazanır...